Jacob / Klein · Investment Banking

Adolf-Friedrich Jacob
Sebastian Klein

Investment Banking

Bankpolitik, Methoden und Konzepte

GABLER

Die Deutsche Bibliothek - CIP-Einheitsaufnahme

> **Jacob, Adolf-Friedrich:**
> Investment Banking : Bankpolitik, Methoden und
> Konzepte / Adolf-Friedrich Jacob ; Sebastian Klein.
> - Wiesbaden : Gabler, 1996
>   ISBN 3-409-14196-0
> NE: Klein, Sebastian:

Der Gabler Verlag ist ein Unternehmen der Bertelsmann Fachinformation.

© Betriebswirtschaftlicher Verlag Dr. Th. Gabler GmbH, Wiesbaden 1996
Softcover reprint of the hardcover 1st edition 1996
Lektorat: Silke Strauß und Iris Mallmann

Das Werk einschließlich aller seiner Teile ist urheberrechtlich geschützt. Jede Verwertung außerhalb der engen Grenzen des Urheberrechtsgesetzes ist ohne Zustimmung des Verlages unzulässig und strafbar. Das gilt insbesondere für Vervielfältigungen, Übersetzungen, Mikroverfilmungen und die Einspeicherung und Verarbeitung in elektronischen Systemen.

Höchste inhaltliche und technische Qualität unserer Produkte ist unser Ziel. Bei der Produktion und Auslieferung unserer Bücher wollen wir die Umwelt schonen: Dieses Buch ist auf säurefreiem und chlorfrei gebleichtem Papier gedruckt.

Die Wiedergabe von Gebrauchsnamen, Handelsnamen, Warenbezeichnungen usw. in diesem Werk berechtigt auch ohne besondere Kennzeichnung nicht zu der Annahme, daß solche Namen im Sinne der Warenzeichen- und Markenschutz-Gesetzgebung als frei zu betrachten wären und daher von jedermann benutzt werden dürften.

ISBN-13: 978-3-322-82605-3   e-ISBN-13: 978-3-322-82604-6
DOI: 10.1007/978-3-322-82604-6

Vorwort

Investment Banking als Bezeichnung bestimmter Aufgabenkomplexe von Banken und spezifischer Institutionen des Kapitalmarktes entstammt den angelsächsischen Finanzmärkten.

Aktuelle Trends und Entwicklungen – Globalisierung und Deregulierung der Kapitalmärkte, Securitization, In-House-Banking, Privatisierungen als Stichworte – haben auch in Kontinentaleuropa die Bedeutung dieses Bereiches in den letzten Jahren verstärkt. Der Erwerb angelsächsischer Investment-Banken durch kontinentaleuropäische Institute sowie die Verlagerung der entsprechenden Geschäfte an den Finanzplatz London sind dafür ein ebenso sichtbarer Beleg wie der Markteintritt angelsächsischer Investment-Banken in die entsprechenden Märkte Kontinentaleuropas.

Für die Bankbetriebswirtschaftslehre resultiert aus diesen Entwicklungen die Aufgabe einer verstärkten wissenschaftlichen Behandlung des Investment Banking. Zwei Perspektiven sind dabei denkbar und notwendig: einerseits die bankpolitische Sichtweise, verbunden mit strategischen, organisatorischen und marketingpolitischen Fragestellungen; andererseits die methodenorientierte Sichtweise, gerichtet auf eine Diskussion derjenigen finanzierungstheoretischen Ansätze und Instrumente, die die methodische Grundlage zur Abwicklung von konkreten Geschäftsvorfällen im Investment Banking bilden.

Mit der vorliegenden Untersuchung, die am Lehrstuhl für Finanz- und Bankmanagement der Wissenschaftlichen Hochschule für Unternehmensführung (WHU) – Otto-Beisheim-Hochschule – entstanden ist und im Rahmen des Wahlpflichtfaches "Finanzintermediäre" erster Erprobung in der Lehre ausgesetzt wurde, soll beiden Perspektiven Rechnung getragen werden. Zudem zielt die Studie auf eine Belebung der Diskussion und die Zukunft des Investment Banking in der Bankbetriebswirtschaftslehre sowie in der Bankpraxis.

Gedankt sei an dieser Stelle Frau D. Barlach, die die notwendigen Schreib- und Layout-Arbeiten mit großem Engagement übernommen hat.

Vallendar, im April 1996   Prof. Dr. Adolf-Friedrich Jacob
                                            Sebastian Klein

Inhaltsverzeichnis

Vorwort 5
Abbildungs- und Tabellenverzeichnis 8

1 Investment-Banken als Institutionen des Kapitalmarktes 9
  1.1 Begriffliche Grundlagen 9
  1.2 Rahmenbedingungen des Investment Banking:
     Strukturwandel der internationalen Finanzmärkte 17
  1.3 Erklärung der Existenz von Investment-Banken 23
  1.4 Marktüberblick 31
  1.5 Investment Banking und Bankpolitik 35
2 M&A-Transaktionen als Geschäftsfeld von Investment-Banken 39
  2.1 Aufgaben der Investment-Banken im M&A-Geschäft 39
    2.1.1 Aufgabenstellungen im Verlauf des Transaktionsprozesses 41
    2.1.2 Raid Defense 52
  2.2 Die Unternehmensbewertung als methodische Basis der Beratung
     im M&A-Geschäft 57
    2.2.1 Anlässe der Unternehmensbewertung 57
    2.2.2 Funktionen der Unternehmensbewertung 60
    2.2.3 Methoden der Unternehmensbewertung 64
       2.2.3.1 Systematisierung der Verfahren 64
       2.2.3.2 Marktorientierte Methoden der Unternehmens-
            bewertung 66
       2.2.3.3 Einzelbewertungsverfahren 71
       2.2.3.4 Gesamtbewertungsverfahren 73
           2.2.3.4.1 Das Kapitalwertmodell 74
           2.2.3.4.2 Das Ertragswertverfahren 76
       2.2.3.5 Die Discounted-Cash-Flow-Methode (DCF-Methode) . 83
           2.2.3.5.1 Darstellung 83
           2.2.3.5.2 Kritische Würdigung der DCF-Methode 93
3 Das Emissionsgeschäft im Investment Banking 107
  3.1 Begriffliche Grundlagen 107
  3.2 Funktionen und Aufgaben der Investment-Banken im
     Emissionsgeschäft 111
  3.3 Methoden der Preisfindung und Plazierung von Wertpapieren 123
    3.3.1 Preisfindungsverfahren 123
       3.3.1.1 Preisfindungsverfahren bei Aktien:
            Bestimmung des Emissionskurses 125
       3.3.1.2 Preisfindungsverfahren für Fremdkapitaltitel 137
    3.3.2 Plazierungsverfahren 141
  3.4 Die Bildung von Emissionskonsortien 145
    3.4.1 Das Entscheidungsproblem 145
    3.4.2 Typen von Konsortialmitgliedern 146
4 Literaturverzeichnis 151

Abbildungsverzeichnis

Abbildung 1.1: Geschäftsfelder des Investment Banking 14
Abbildung 1.2: M&A-Transaktionen 22
Abbildung 1.3: Investment-Banken als Gegenstand der Analyse 35

Abbildung 2.1: Beziehung zwischen Übernahmerenditen und Q-Werten nach Lang et al. (1989) 46
Abbildung 2.2: Möglicher Ablauf eines Unternehmenserwerbs 49
Abbildung 2.3: Systematisierung von Transaktionsarten im M&A-Geschäft . 58
Abbildung 2.4: Systematisierung der Verfahren der Unternehmensbewertung 65
Abbildung 2.5: Bezugsgrößen einer marktorientierten Unternehmensbewertung 66
Abbildung 2.6: Grundstruktur der DCF-Methode 85
Abbildung 2.7: Grundelemente des Shareholder-Value-Ansatzes 95
Abbildung 2.8: Institutionelle Voraussetzungen der Anwendung des Shareholder-Value-Ansatzes 100

Abbildung 3.1: Verfahren der Emissionspreisfindung bei Aktien 127
Abbildung 3.2: Systematisierung von Plazierungsverfahren 142
Abbildung 3.3: Struktur von Emissionskonsortien 147
Abbildung 3.4: Risikoübernahmeformen 148

Tabellenverzeichnis

Tabelle 1.1: Commercial Paper vs. Bankkredit 20
Tabelle 1.2: Gesamt-Ranking der Investment-Banken 31

1 Investment-Banken als Institutionen des Kapitalmarktes

1.1 Begriffliche Grundlagen

Der Begriff "Investment-Banken" als Bezeichnung von Institutionen sowie der Terminus "Investment Banking" als Ausdruck bestimmter Funktionen und Geschäftsfelder entsprechender Banken läßt sich zunächst aus der historischen Entwicklung von Trennbankensystemen ableiten.

Die für diese Systeme konstitutive Trennung von Kredit- und Einlagengeschäft einerseits und Wertpapiergeschäft andererseits führt zu spezialisierten Institutionen für die jeweiligen Geschäftsbereiche. Die wichtigsten realen Ausprägungen eines solchen Trennbankensystems kennzeichnen drei bedeutende Finanzmärkte der Welt: die USA, Japan und Großbritannien. Die Entwicklung der jeweiligen Bankensysteme sei kurz skizziert (vgl. dazu auch Wertschulte, 1995):

In den USA, wo mit dem Glass Steagall-Act (1933) die Trennung von Commercial und Investment Banks qua Gesetz festgeschrieben wurde, erfolgte nach dem Zweiten Weltkrieg eine tendenzielle Lockerung der strikten Unterschiede zwischen beiden Arten von Banken durch eine faktische Ausdehnung der Geschäftsfelder von Commercial Banks.

Aktuelle Diskussionen um eine Neuordnung des Bankensystems in Richtung eines Universalbankensystems nach deutschem Vorbild (vgl. dazu z. B. Benston, 1994) deuten auf eine mögliche Verstärkung dieser Entwicklung hin. Ähnliches läßt sich analog auch für Japan feststellen: Die im Securities und Exchange Act von 1948 festgeschriebene Konstruktion des japanischen Bankwesens nach US-amerikanischem Vorbild wird derzeit von staatlichen Institutionen im Hinblick auf mögliche Reformnotwendigkeiten untersucht. Den Kernpunkt des "Report on the Spezialized Financial Institutions System in Japan" einer zu diesem Zweck eingesetzten Untersuchungskommission stellt der Vorschlag zur Aufhebung des Trennbankensystems durch die Zulassung von im Wertpapiergeschäft tätigen Tochtergesellschaften von Commercial Banks dar. Dieser Schritt wurde in Großbritannien im Zusammenhang mit der Deregulierung der 80er Jahre (Big Bang, 1986) vollzogen, nachdem sich auch dort traditionell eine Trennung von Commercial und Merchant Banks herausgebildet hatte.

Darüber hinaus wird eine faktische Auflockerung der real existierenden Trennbankensysteme auch durch die Geschäftspolitik der Investment-Banken gefördert, insbesondere durch die zunehmende "vertikale Integration" des Investment Banking in das Firmenkundengeschäft mittels des Angebotes komplementärer Finanzierungs- und Beratungsleistungen (Corporate Finance, vgl. Walther, 1993).

Dies leitet unmittelbar über zur Frage nach einer an den Geschäftsfeldern orientierten Spezifizierung des Investment Banking in Abgrenzung zum Commercial Banking. Für den letztgenannten Bereich lassen sich die typischen Geschäftsfelder als Produkt-Kunden-Kombinationen umreißen, mit den drei wesentlichen Produktgruppen Kredite, Einlagen und Zahlungsverkehr-/Geld-/Devisentransaktionen und den Kundengruppen Firmenkunden (Wholesale Banking) und Privat- und kleine Geschäftskunden (Retail Banking), die jeweils je nach den Marktgegebenheiten noch weiter zu segmentieren sind (z. B. nach dem Kriterium der Höhe des Geschäftsvolumens oder nach der regionalen Provenienz). Die von den Commercial Banks im Zusammenhang mit den jeweiligen Produkt-Markt-Kombinationen wahrgenommenen Funktionen sind:

1. Die klassischen Transformationsfunktionen der Losgrößen-, Risiken-, Fristentransformation im Kredit- und Einlagengeschäft ergänzt um die in neueren Erklärungsansätzen für die Existenz von Commercial Banks hervorgehobene Informations- und Kontrollfunktion dieser Institutionen als auf die Qualitätseinschätzung und -zertifizierung von potentiellen Kreditnehmern spezialisierte Agenturen (vgl. z. B. Diamond, 1984, sowie Neuberger, 1994, S. 32 ff. zu einem Literaturüberblick).

2. Die Transfer- und Spekulationsfunktion im Zusammenhang mit den Zahlungsverkehrleistungen und dem Geld- und Devisenhandel (vgl. Schuster, 1994).

In Abgrenzung zu diesen Funktionen und Geschäftsfeldern der Commercial Banks ist das Investment Banking zum einen durch eine Kapitalmarkt- und Wertpapierorientierung sowie durch eine stärkere Bedeutung von Unternehmen und staatlichen Institutionen als wesentlichen Kundengruppen gekennzeichnet (Ausnahme: Vermögensverwaltung für vermögende Privatkunden).

Eine detailliertere Beschreibung der Geschäftsfelder kann zunächst an der Unterscheidung zwischen Primär- (Transaktionen zwischen Kapitalnehmer bzw. Emittent und Investoren) und Sekundärmärkten (Handel von Wertpapieren zwischen Investoren) ansetzen (vgl. auch Bloch, 1989, S. 3): Auf **Primärmärkten** übernehmen die Investment-Banken eine Mittlerrolle zwischen Emittent und Investoren, indem sie ersterem bei der Emission begleiten und für die Plazierung der Wertpapiere beim Publikum Sorge tragen. Die Erfüllung dieser Aufgaben geht in vielen Fällen mit der Übernahme des Plazierungsrisikos seitens der Emissionsbanken einher.

Eine weitere Untergliederung dieses Geschäftsfeldes kann durch die Unterscheidung verschiedener Wertpapierkategorien nach der Art der ihnen zugrundeliegenden Rechtsstellung des Erwerbers erfolgen: Eigen- und Fremdkapitaltitel als Extrempunkte, Mezzanin-Instrumente als Zwischenformen (vgl. dazu auch Jacob/Klein/Nick, 1994, S. 153 ff.). Darüber hinaus können auch die Finanzierungsmärkte, an denen die Finanztitel emittiert, plaziert und/oder notiert werden, als Gliederungskriterium herangezogen werden. Zu unterscheiden wären demnach Emissionen auf nationalen Kapitalmärkten, Emissionen auf Euromärkten sowie internationale Emissionen auf mehreren nationalen Finanzmärkten.

Während die Investment-Banken auf Primärmärkten im wesentlichen als Berater des Emittenten und Distributionsorgan für dessen Wertpapiere fungieren, treten sie auf **Sekundärmärkten** als **Händler und/oder Broker** auf. In erstgenannter Funktion werden sie selbst zu Transaktionspartnern bei Wertpapierkäufen und -verkäufen, während sie als Broker im Auftrag ihrer Kunden (Investoren) die Abwicklung von Wertpapieraufträgen und ggf. die Wertpapierverwahrung übernehmen.

Aus bankpolitischer Sicht lassen sich zwei Motivgruppen für diese Sekundärmarktaktivitäten unterscheiden. Zum einen kann diesem Geschäftsfeld im Hinblick auf die im Eigenhandel und aus den Provisionserträgen resultierenden Ergebnisbeiträge ein originärer Charakter zugesprochen werden. Zum anderen sind die Sekundärmarktaktivitäten auch aus den Aufgabenstellungen der übrigen Geschäftsfelder von Investment-Banken ableitbar und haben insofern derivativen Charakter. Sie werden zur Voraussetzung eines fundierten und umfassenden Leistungsangebotes in den anderen Teilbereichen des Investment Banking. Zum einen dokumentiert sich der derivative Charakter der Sekundärmarktgeschäfte in ihrer Informationsfunktion für das Emissionsgeschäft der Investment-Banken: Die Wahrnehmung von Dealer- oder Broker-Funktion generiert Informationen über die Gegebenheiten und Mechanismen von verschiedenen Wertpapiermärkten und die dortigen Akteure, die im Zusammenhang mit den für das Primärmarktgeschäft typischen Fragenkomplexen der Emissionspreisfindung, der Bestimmung des Emissionszeitpunktes und der Plazierung emittierter Finanztitel als informatorische Basis genutzt werden können.

Darüber hinaus wird die Dealer-Funktion auch zur Voraussetzung für die Übernahme von Kurspflege-Aktivitäten nach erfolgter Emission und Erstplazierung (Liquiditäts-/Kursstabilisierungsfunktion). Dieser Leistung kommt um so größere Bedeutung zu, je eher einerseits der Emittent an einer Kursstabilisierung nach der Emission interessiert ist und die entsprechende Leistungsfähigkeit und -bereitschaft der Investment-Banken als Auswahlkriterium bei der Bildung von Emissionskonsortien berücksichtigt und andererseits die Plazierung von Wertpapieren bei den Investoren durch deren Vertrauen auf eine durch die Sekundärmarktaktivitäten der Investment-Banken sichergestellte faire Bewertung und ausreichende Liquidität der Finanztitel auf dem Sekundärmarkt erleichtert oder erst ermöglicht wird. Letztgenannter Aspekt ist von besonderer Bedeutung für den Erfolg von neu begebenen Finanzinnovationen (vgl. Dufey/Giddy, 1981).

Schließlich sind die Broker-Aktivitäten auch Voraussetzung für die Fähigkeit, der Kundengruppe der Investoren das Produktbündel aus Wertpapierberatung und -abwicklung anbieten zu können (vgl. dazu auch Klein/Schween, 1995) sowie durch Transaktionen gewonnene Marktinformationen unmittelbar in Beratungsleistungen in diesem Geschäftsfeld integrieren zu können.

Letztgenannter Aspekt leitet unmittelbar über zu einem dritten Geschäftsfeld der Investment-Banken, das mit den Schlagwörtern **"Vermögensanlage-beratung/Vermögensverwaltung/Portfoliomanagement"** umrissen werden kann. Die Zielgruppen für diese Produkte sind vermögende Privatkunden und institutionelle Anleger. Während sich die Leistung der Banken im Fall der reinen Vermögensanlageberatung lediglich auf die Bereitstellung von Entscheidungshilfen und Empfehlungen zur Vermögensdisposition für den Anleger erstreckt, ist für die individuelle Vermögensverwaltung kennzeichnend, daß der Kunde die Anlageentscheidung selbst an die Bank delegiert (vgl. z. B. Hein, 1993, S. 43 f.). Auf der Grundlage einer von dem Kunden erteilten Vollmacht trifft die Bank für ihn Portfolioentscheidungen nach eigenem Ermessen.

Auch dieses Geschäftsfeld kann in Verbindung zu den Primärmarkttransaktionen gesetzt werden, da die Etablierung von Geschäftsbeziehungen zu den Investoren im Rahmen der Anlageberatung und Vermögensverwaltung die Plazierung von Finanztiteln bei diesen Anlegern erleichtern dürfte; somit wird die Zahl und Qualität (z. B. gemessen durch das Anlagevolumen einzelner Investoren und/oder deren Anlagestrategie) zu einer Determinante der Plazierungskraft der Investment-Banken auf dem Primärmarkt.

Voraussetzung für eigene Handelsaktivitäten sowie die Beratung von Anlegern sind Informationsbeschaffungs- und -auswertungsaktivitäten (Research), die sich auf die ökonomischen Rahmenbedingungen von Finanzmärkten (volkswirtschaftliche Analysen), die Bedingungen an einzelnen Teilmärkten (z. B. Zinsprognose, Prognose der Aktienindexentwicklung) sowie die Marktbewertung einzelner Finanztitel (z. B. Aktienresearch) richten können.

Als viertes Geschäftsfeld lassen sich unter dem Terminus **"Beratung von Firmenkunden und öffentlichen Institutionen"** (Corporate Finance-Leistungen i. e. S.) all diejenigen know-how-intensiven Beratungsleistungen zusammenfassen, die von Investment-Banken vor, während und nach finanziellen Transaktionen erbracht werden.

Hierunter ist zunächst der Bereich der "Mergers & Acquisitions" zu subsumieren, der insbesondere in den 80er Jahren im Zusammenhang mit der Expansion des internationalen Marktes für Unternehmenskontrolle an Bedeutung gewann (vgl. Auckenthaler, 1994, S. 12) und in den 90er Jahren von dem Trend zur Privatisierung staatlicher Unternehmen – auch im Kontext der Transformation der ehemals sozialistischen Planwirtschaften – profitierte (vgl. 1.2).

Die Beratungsleistungen der Investment-Banken erstrecken sich dabei auf drei Fragestellungen (vgl. Walther, 1993, S. 151):

(1) Verkauf-/Kaufberatung mit den zentralen Elementen der Suche nach Transaktionspartnern, der Ermittlung des Unternehmenswertes, der Begleitung des Verhandlungsprozesses und schließlich der (vertraglichen) Abwicklung der Transaktion

(2) Strategieberatung

(3) Beratung in der Frage der Abwehr feindlicher Übernahmen ("Raid Defence")

Des weiteren bieten Investment-Banken Beratungsleistungen an, die in engem Zusammenhang mit ihren Aktivitäten als Emissionsbanken stehen. Neben der Beratung von Emittenten hinsichtlich der Ausgestaltung zu begebener Finanztitel, deren Distribution und Börseneinführung gewinnen zunehmend auch Fragen der finanzmarktbezogenen Kommunikationspolitik an Bedeutung. Diese vor dem Hintergrund asymmetrischer Informationsverteilung (vgl. 1.3) theoretisch erklärbaren Maßnahmen sind mit dem Begriff der Investor Relations belegt: "Investor Relations als vertrauensbildende Maßnahme zielt auf die Erhöhung der Attraktivität des Unternehmens für vorhandene und praesumptive Kapitalgeber durch glaubwürdige Berichterstattung und Kapitalanlegerspezifische Werbung" (Jacob, 1991, S. 120). Die entsprechenden Beratungsleistungen der Investment-Banken können sich auf die Auswahl geeigneter Kommunikationsinstrumente (vgl. zu Überblicken: Süchting, 1986; Lingenfelder/Walz, 1988, sowie Link, 1991), die Herstellung von Kontakten zu den Investoren sowie auf die gemeinsame Planung und Durchführung konkreter Investor-Relations-Maßnahmen beziehen.
Der Einsatz investorenorientierter Preisfindungs- und Plazierungsverfahren – wie etwa das Bookbuilding-Verfahren (vgl. 3.3.1.1) – verstärken die Notwendigkeit einer solchen kapitalmarktbezogenen Kommunikationspolitik, da die Anleger durch eine entsprechende Informationspolitik in die Lage zu versetzen sind, ein Preis-/Mengebot für neue Emissionen abgeben zu können.

Schließlich bieten Investment-Banken auch Beratungsleistungen im Hinblick auf die Entwicklung innovativer Finanzierungskonzepte an. Für die Kundengruppe der staatlichen Organisation kommt dabei den neueren Methoden zur Finanzierung öffentlicher Investitionen (z. B. öffentliches Finanzierungsleasing, Fondsfinanzierung, Betreibermodelle) zunehmend Bedeutung zu (vgl. ausführlich Rehm, 1994), während die seit Jahren überaus schnell wachsende Disziplin des Financial Engineering inbesondere auf die Firmenkunden gerichtet ist. Gegenstand dieser Disziplin ist die Kreation neuartiger Finanzierungsinstrumente und -verträge (vgl. Swoboda, 1991, S. 39). Der Entstehung dieser "neuen" Produkte liegt der Prozeß der Aufspaltung traditioneller Finanzierungsinstrumente in ihre einzelnen Komponenten (z. B. Zinssatz, Laufzeit, Rückzahlungsmodalitäten etc.), deren gesonderte

Verbriefung und Handelbarkeit (Unbundling) und/oder deren "neuartige" Kombination zu einer Finanzinnovation zugrunde (vgl. Dufey/Giddy, 1981; Dufey, 1995).

Die zwei Zielrichtungen der Kreation innovativer Instrumente liegen zum einen in der Erschließung kostengünstiger Kapitalbeschaffungsmöglichkeiten und zum anderen in der Bewältigung von verschiedenen Risiken (Zins-, Währungs- und Preisrisiken). Letztgenannter Aspekt, der vor dem Hintergrund des Strukturwandels der internationalen Finanzmärkte und dabei insbesondere der zunehmenden Volatilität von Zinssätzen, Währungen und Inflationsraten (vgl. van Horne, 1985) an Bedeutung gewinnt, ist integrativer Bestandteil eines weiteren Beratungsfeldes, nämlich des Risikomanagements, das neben Fragen der mit diesen Instrumenten zu erreichenden Risikobewältigung auch die Aspekte der Identifizierung und Bewertung finanzwirtschaftlich relevanter Risiken von Unternehmen einschließen kann.

Mit den vier skizzierten Produkt-/Kunden-Kombinationen sind die wesentlichen Geschäftsfelder des Investment Banking umrissen (vgl. auch Abbildung 1.1).

Eine an der Rolle des jeweiligen Kunden orientierte Unterteilung dieser Geschäftsfelder führt zur Unterscheidung zwischen dem Investment Banking i. e. S., welches alle für Kunden in der Rolle des Kapitalnehmers erbrachten Leistungen umfaßt, und dem Trust Banking als Oberbegriff aller für Investoren erbrachten Leistungen (vgl. Schuster, 1994).

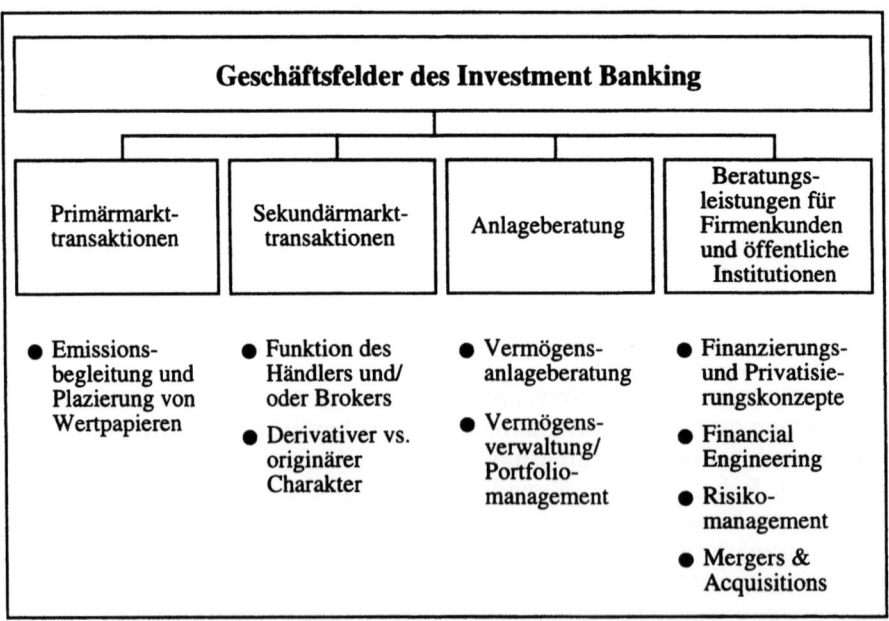

Abbildung 1.1: Geschäftsfelder des Investment Banking

Als Fazit obiger Überlegungen bleibt festzuhalten: Abgesehen vom Eigenhandel der Investment-Banken fungieren diese in den beschriebenen Geschäftsfeldern als Mittler zwischen Kapitalnehmer und -geber bzw. zwischen verschiedenen Anlegern. Sie werden i. d. R. nicht selbst zum Transaktionspartner, sondern übernehmen die Funktionen der Anbahnung, Abwicklung und Beratung im Zusammenhang von Transaktionen zwischen den unmittelbaren Vertragspartnern. Sie sind somit – in der Terminologie von Bitz (1989) – als Finanzintermediäre im weiteren zu bezeichnen. Darauf wird im Kontext der finanzierungstheoretischen Erklärung dieser Institutionen zurückzukommen sein (vgl. 1.3).

1.2 Rahmenbedingungen des Investment Banking: Strukturwandel der internationalen Finanzmärkte

Investment-Banken als Finanzintermediäre auf Kapitalmärkten sind in ihrer Geschäftsentwicklung und -struktur von Veränderungen der Rahmenbedingungen der nationalen und globalen Finanzmärkte betroffen. In den letzten Jahren waren diese Märkte von wesentlichen Veränderungen der Rahmendaten gekennzeichnet, die insbesondere auch die Entstehung von kapitalmarktrelevanten Produkt- und Prozeßinnovationen gefördert haben (vgl. van Horne, 1985). Neben diesen aus der Zunahme finanzwirtschaftlicher Risiken resultierenden und die Bedeutung der Geschäftsfelder des Risikomanagement und der Entwicklung risikoalloziierender Kontrakte im Rahmen des Financial Engineering fördernden Entwicklungen ist auf fünf weitere Strukturveränderungen des Umfeldes von Investment Banking-Aktivitäten hinzuweisen (vgl. dazu auch Wertschulte, 1995):

(1) Globalisierung der Finanzmärkte

Als Ausgangspunkt der Globalisierung ist der Anstieg des Welthandels und der ihn begleitenden Finanzströme in den 60er Jahren sowie der wachsende Anlagebedarf der OPEC-Länder infolge des Ölpreisschocks in den 70er Jahren zu nennen. Diese Entwicklungen führten zusammen mit den internationalen Kapitalströmen zwischen öffentlichen Schuldnern (Staaten) in den 80er Jahren zu einer zunehmenden Vernetzung nationaler Primär- und Sekundärmärkte. Hinzu kam die Etablierung von Off-shore-Märkten (vgl. Dufey/Giddy, 1994, S. 1 ff.). Schließlich können einerseits auch die Internationalisierungsbestrebungen der Unternehmen in den einzelnen Ländern als die Globalisierung der Finanzmärkte fördernder Faktor betrachtet werden, der sich in einer Zunahme von Finanzierungserfordernissen in ausländischer Währung – auch für internationale Großprojekte und Direktinvestitionen im Ausland (Foreign Direct Investments) – sowie in der Entstehung eines internationalen Marktes für Unternehmenskontrolle niederschlägt. Andererseits gewannen vor dem Hintergrund von theoretischen Erkenntnissen zur Portfoliooptimierung durch internationale Diversifikation auch zunehmend ausländische Wertpapierinvestitionen für die Investoren an Interesse (vgl. z. B. Das, 1993).

Für das Investment Banking führt die Globalisierung der Finanzmärkte zu neuen Aufgabenstellungen, aber auch neuen Marktchancen. Entsprechende neue Produkte sind etwa internationale Plazierungen von Fremd- und Eigenkapitaltiteln, Beratung bei grenzüberschreitenden M&A-Transaktionen, Instrumente des Währungsrisikomanagements und die Anlageberatung unter Berücksichtigung verschiedener nationaler und internationaler Finanzmärkte und dortiger Investitionsmöglichkeiten. Für die Erstellung dieser Produkte ist die Kenntnis der verschiedenen Märkte und der dort handelnden Akteure Voraussetzung. Damit ergibt sich einerseits die Notwendigkeit, strategische Entscheidungen über die Präsenz einer Investment-Bank an den wichtigsten internationalen Finanzplätzen zu treffen, andererseits aber auch die Chance, das an den heimischen Märkten aufgebaute Beziehungsnetz und Know-how über die Beteiligung bei internationalen Transaktionen ausländischer Kunden zur Erleichterung des Eintritts auf die entsprechenden ausländischen Finanzmärkte zu nutzen.

(2) Rechtliche Rahmenbedingung: Regulierung, Deregulierung

Die rechtlichen Rahmenbedingungen der Finanzmärkte sind ein wesentlicher Bestimmungsfaktor für die Geschäftsmöglichkeiten von Investment-Banken, da sie deren Handlungsmöglichkeiten unmittelbar beeinflussen können (vgl. Coym, 1989, S. 44).

Der Wettbewerb verschiedener Finanzmärkte und dortiger Finanzplätze hat dabei in den letzten Jahren zu bedeutenden Veränderungen der rechtlichen Rahmenbedingungen geführt, um die Attraktivität des jeweiligen Marktes für Kapitalnehmer, Investoren und Intermediäre zu erhöhen. Dabei erstreckt sich der Wettbewerb nicht nur auf die Höhe des an einem Markt zu realisierenden Volumens an Finanztransaktionen (marktbezogene Sichtweise), sondern verschiedene Finanzplätze konkurrieren auch in ihrer kommunikativen Funktion als Zentren der durch Transaktionen unterlegten Meinungsbildung der Akteure und in ihrer innovativen Funktion als Entstehungsorte neuartiger Finanzprodukte und -prozesse. Die Wahrnehmung dieser innovativen und kommunikativen Funktionen ist kennzeichnend für strategische Standorte (vgl. Jacob/Förster, 1989).

Neben der Freiheit des internationalen Kapitalverkehrs sind die Deregulierungsbemühungen insbesondere auch auf die Zulassung neuer Finanzierungsinstrumente gerichtet, mit dem Ziel, die Breite der an einem Markt angebotenen Finanztitel zu erhöhen. Für den deutschen Finanzmarkt ist in diesem Zusammenhang etwa auf folgende in den letzten Jahren vorgenommene Deregulierungsschritte hinzuweisen:

- Zulassung innovativer Anleiheformen im DM-Währungsbereich (Null-Koupon-Anleihe, Anleihen mit variabler Verzinsung, Doppelwährungsanleihen mit DM-Komponente, Anleihen in Verbindung mit Währungs- und Zinsswaps) im Zusammenhang mit der Restliberalisierung des deutschen Kapitalmarktes im April/Mai 1985 (vgl. Büschgen, 1986).

- Der Wegfall des staatlichen Emissionsgenehmigungsverfahrens gemäß §§ 795 und 808a BGB zum 1. Januar 1991 (vgl. dazu Everling, 1990) und die damit einhergehende Zulassung von kurzfristigen Schuldverschreibungen mit einer Laufzeit von bis zu zwei Jahren (Commercial Paper).

- Die Erleichterung der Emission von DM-Auslandsanleihen.

- Die Zulassung von DM-Geldmarktfonds in Deutschland im Jahre 1994.

Über diese Deregulierungsschritte im Hinblick auf die am deutschen Markt zugelassenen Finanztitel hinaus richten sich weitere rechtliche Bestimmungen auf die Erhöhung der Funktionsfähigkeit des Geld- und Kapitalmarktes sowie auf die Steigerung des Vertrauens der Anleger in diese Funktionsfähigkeit. Beide Zielrichtungen sind etwa dem am 1. August 1994 in Kraft getretenen Finanzmarktförderungsgesetz zu entnehmen. Die Möglichkeit zur Herabsetzung des Mindest-Nennwertes von Aktien von 50 DM auf 5 DM als Schritt in Richtung auf eine einen vollkommenen Kapitalmarkt kennzeichnende beliebige Teilbarkeit von Finanztiteln sowie die Bestimmungen zum Insiderhandelsverbot, zur Ad-hoc-Publizität von Emittenten und zur Errichtung des Bundesaufsichtsamtes für den Wertpapierhandel seien als Beispiele erwähnt (vgl. dazu ausführlich Breuer, 1994).

(3) Trend zur Securitization

Eine für die Geschäftstätigkeit von Investment-Banken bedeutende Entwicklung stellt der Trend zur Securitization dar. Unter diesem Begriff versteht man die Substitution von unverbrieften Kredittransaktionen zwischen Banken und Kreditnehmern durch verbriefte Kapitalmarktinstrumente, deren Fungibilität an institutionalisierten Wertpapiermärkten durch die Verbriefung ermöglicht wird. Nachfolgende Abbildung gibt einen Eindruck von der Substitution von kurzfristigen Bankkrediten (Betriebsmittelkredite, Kreditlinien) durch Commercial Paper.

Die Ursachen für diesen Trend zur Verbriefung von Kreditbeziehungen können in zwei Komplexen zusammengefaßt werden (vgl. Dombret, 1988, S. 22 ff.):

1. Nachfrageverschiebungen bei Kreditoren und Debitoren i. S. einer verstärkten Nachfrage von potentiellen Kapitalnehmern nach kostengünstigen und innovativen Finanzierungsalternativen einerseits und einer stärkeren Rendite- und Liquiditätsorientierung von Anlagemöglichkeiten suchenden Investoren andererseits.

Land	Marktgründung	inländische Märkte		Euro-Märkte	
		Ende 1986	Ende 1991	Ende 3/1987	Ende 1991
		ausstehendes Volumen als Prozentsatz von Bankkrediten für inländische Nichtbanken		ausstehendes Volumen als Prozentsatz grenzüberschreitender Forderungen an Nichtbanken	
USA	vor 1960	11.4	17.1	3.3	1.6
Japan	Ende 1987	0.7	4.2	0.4	0.4
Frankreich	Ende 1985	1.0	3.3	4.1	18.3
Spanien	1982	7.0	12.3	4.7	5.8
Kanada	vor 1960	4.1	11.5	0.7	0.5
Schweden	1983	8.6	8.6	12.4	15.0
Australien	Mitte der 70er Jahre	..	6.7	5.1	31.3
Deutschland	1991	-	0.7	0.4	1.4
England	1986	0.7	2.1	2.6	11.5
Finnland	Mitte 1986	..	6.3	5.4	10.8
Norwegen	Ende 1984	8.5	8.5	3.8	1.5
Niederlande	1986	0.1	1.4	13.5	9.4

Quelle: Alworth, J. S./Borio, C.E.V.: Commercial Paper Markets: A Survey, April 1993, S. 18

Tabelle 1.1: Commercial Paper vs. Bankkredit

2. Veränderungen der bankbetrieblichen Rahmenbedingungen mit den Komponenten (1) der verschärften aufsichtsrechtlichen Bestimmungen hinsichtlich der Kapitalrelationen und der Wertberichtigungen für notleidende Kreditengagements als Anreiz zur Verlagerung der Geschäftstätigkeit auf nicht-bilanzwirksame Transaktionen, (2) der nationalen Marktregulierungen und -segmentierungen als Motiv zur Kreation neuartiger Finanzinstrumente zur Umgehung derselben und (3) des technischen Fortschritts und zunehmender, wettbewerbserhöhender Liberalisierungsmaßnahmen als verstärkende Faktoren des Innovations-drucks.

Dieser Innovationsdruck schlägt sich für Investment-Banken zunächst in einer gestiegenen Bedeutung ihrer Financial Engineering-Aktivitäten nieder mit der Folge einer steigenden Zahl von Finanzinnovationen, insbesondere im Bereich der Fremdkapitaltitel. Beispielhaft sei hier auf die Entwicklungen im Bereich der Asset Backed Securities verwiesen, bei denen Pools homogener Assets (z. B. Kreditkartenforderungen, Automobilleasing-Forderungen, Hypothekendarlehen) in eine eigenständige Gesellschaft überführt werden (Special Purpose Vehicle), die sich durch die Ausgabe von mit den entsprechenden Aktiva unterlegten Wertpapieren refinanzieren (vgl. z. B. Arbeitskreis Finanzierung, 1992). Darüber hinaus sind von dieser Entwicklung auch die weiteren Geschäftsbereiche von Investment-Banken betroffen: Das Primärmarktgeschäft durch eine Steigerung der zu begleitenden und zu plazierenden Emissionen; das Sekundärmarktgeschäft durch die Notwendigkeit zur Übernahme der Market

Maker Funktion für innovative Finanztitel und die Anlageberatung im Hinblick auf Fragen der Bewertung von und Portfoliooptimierung durch die entsprechenden neuen Anlagemöglichkeiten.

Aus bankpolitischer und -strategischer Perspektive ist schließlich der Trend zur Substitution von Kredit- und Wertpapiertransaktionen auch deshalb von Bedeutung, da er gerade bei jenen Banken, die im Commercial und Investment Banking gleichermaßen tätig sind, zu einer "Freisetzung" von Kapital im traditionellen Kreditgeschäft führt, welches als "Input-Faktor" für Underwriting-Aktivitäten und dabei insbesondere die Übernahme des Plazierungsrisikos von Emissionen genutzt werden kann.

(4) Entwicklungen der Informations- und Kommunikationstechnologie

Der technische Fortschritt beeinflußt das auf die Lösung von Informationsproblemen basierenden Investment Banking durch die wachsende Bedeutung des Einsatzes der Informations- und Kommunikationstechnologie (vgl. dazu allgemein auch z. B. Schuster, 1995).

Damit einher geht eine Reduzierung der Informations- und Transaktionskosten bzw. eine Verringerung des entsprechenden Zeitaufwandes. Diese Entwicklung ist sowohl bankintern von Relevanz, etwa im Zusammenhang mit Fragen der bankinternen Kommunikation, der Transaktionsdokumentation und den Möglichkeiten eines EDV-gestützten Controllings z. B. im Handelsbereich, als auch im Verhältnis zwischen der Bank und ihren Kunden (z. B. computergestützte Wertpapieraufträge).

Darüber hinaus basieren neue Formen der Organisation von institutionalisierten Wertpapiermärkten (Börsen) auf dem informationstechnologischen Fortschritt (Stichwort Computer-Börsen). Damit wird zumindest in Teilbereichen des Investment Banking (Eigenhandel, Brokergeschäft) ein Auseinanderfallen von regionalen Marktpotentialen und marktbezogenen Standorten ermöglicht.

(5) Privatisierungstrend

Eine Rahmenbedingung, die insbesondere in den letzten Jahren für die Geschäftstätigkeit der Investment-Banken maßgeblich wurde, kann mit dem Stichwort "Privatisierungstrend" belegt werden. Dieser wurde zum einen durch die Privatisierung staatlicher Institutionen (z. B. Post- und Telekommunikationsbetriebe) in westeuropäischen Ländern, zum anderen aber auch durch die Transformationsprozesse in den ehemaligen RGW-Staaten bedingt.

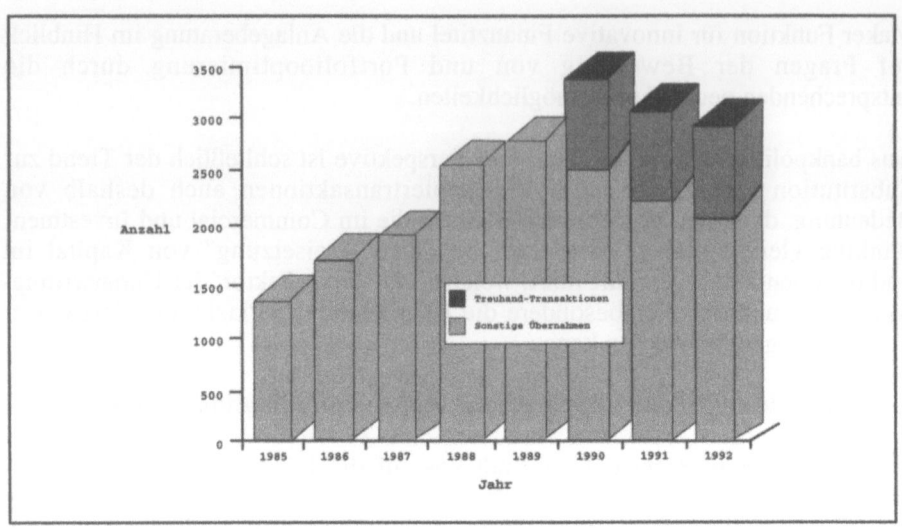

Quelle: Gerke/Garz/Oerke: Die Bewertung von Unternehmensübernahmen auf dem deutschen Aktienmarkt, zfbf 47, 9/1995, S. 806

Abbildung 1.2: M&A-Transaktionen

Letztgenannter Aspekt ist in Abbildung 1.2 verdeutlicht, die die Anzahl der im Zusammenhang mit der Arbeit der Treuhand-Anstalt abgewickelten Unternehmensübernahmen in Deutschland zeigt.

Die Abbildung verdeutlicht die Bedeutung der Treuhand-Transaktionen für das Volumen des M&A-Marktes in Deutschland nach 1990. Die Abwicklung dieser Transaktionen, auch durch ausländische Investment-Banken, verhalf dem internationalen M&A-Geschäft zum Durchbruch im Deutschen Markt (vgl. Walther, 1993, S. 150).

Im Zusammenhang mit den Teilaufgaben einer Privatisierung, nämlich der rechtlichen Umwandlung von Staatsbetrieben, der Substitution "staatlichen Eigentums" durch private Investoren sowie der strategischen Neuorientierung des Unternehmens ergeben sich für die Investment-Banken Geschäftsmöglichkeiten in den Bereichen der Beratung, aber auch im Primärmarktgeschäft, falls eine Börseneinführung oder Privatplazierung der Eigenkapitaltitel des zu privatisierenden Unternehmens angestrebt wird.

1.3 Erklärung der Existenz von Investment-Banken

In den beiden vorangegangenen Abschnitten haben wir Investment-Banken in ihren Geschäftsfeldern und den diese beeinflussenden Rahmenbedingungen betrachtet. Zentrales Ergebnis dabei war, daß sie in den Bereichen Primär- und Sekundärmarkttransaktionen, Anlageberatung/Vermögensverwaltung sowie finanzmarktbezogene Beratungsleistungen als Mittler zwischen den Akteuren auf Geld- und Kapitalmärkten fungieren, ohne dabei – von der Ausnahme des Eigenhandels abgesehen – als direkte Transaktionspartner in Erscheinung zu treten.

Ausgehend hiervon ergibt sich aus theoretischer Perspektive die Frage nach den Erklärungsmöglichkeiten für die Existenz und Funktion solcher Institutionen des Kapitalmarktes. Zu untersuchen ist mithin, wie die Erzielung von ökonomischen Renten dieser Finanzintermediäre zu begründen ist.

Analysiert man die verschiedenen Theorieansätze innerhalb der Finanzierungstheorie (vgl. zu einem Überblick Steiner/Kölsch, 1989), so läßt sich zunächst ableiten, daß weder die klassische Finanzierungslehre noch die neoklassische Finanzierungstheorie einen geeigneten Rahmen zur Beantwortung obiger Fragestellungen bieten. Erstgenanntem Ansatz, der im Kern als eine an einer Vielzahl von Einzelaspekten orientierten Beschreibung von Instrumenten und Institutionen der Finanzmärkte zu charakterisieren ist, kommt aufgrund seines nahezu ausschließlich deskriptiven Charakters keine Erklärungskraft zu, während die Modelle der neoklassischen Finanzierungstheorie vor dem Hintergrund des Idealbildes eines vollkommenen Kapitalmarktes zwangsläufig mit einer Abstraktion von finanzmarktrelevanten Institutionen einhergehen müssen: Existieren nämlich weder Transaktions- noch Informationskosten, haben alle Investoren die gleichen Erwartungen bezüglich der Größen Rendite und Risiko von Wertpapieren und sind Finanzierungsentscheidungen von Unternehmen irrelevant für deren Marktwert, so werden Investment-Banken in ihren Funktionen der Beratung von Emittenten und Investoren und der Vermittlung von Transaktionen zwischen beiden Gruppen von Akteuren obsolet. Kein Marktteilnehmer dürfte – ökonomisch rationales Verhalten unterstellt – bereit sein, für solche Leistungen einen Preis zu entrichten, da er diese kostenlos selbst erstellen kann bzw. diese Leistungen im Hinblick auf seine Zielsetzung (z. B. Unternehmenswertmaximierung) irrelevant sind.

Die Überwindung dieser Kluft zwischen der Beschreibung von Institutionen in der traditionellen Finanzierungslehre und der Abstraktion von denselben in der formal-analytischen, neoklassischen Preistheorie für Finanzierungstitel ist Ziel der neoinstitutionalistischen Finanzierungstheorie (vgl. Steiner/Kölsch, 1989, S. 419). Sie greift zurück auf Erkenntnisse der Neuen Institutionenlehre (vgl. zu einem Überblick aber deren Theoriemodule Picot, 1991), die ihrerseits i. S. einer mikroökonomischen Organisationstheorie die Erklärung von Institutionen zum Ziel hat: "Financial economics, like general equilibrium theory more generally, is essentially noninstitutional... The scientific aspiration was to work out of an 'institution-free core'. The substantial accomplishments of this theory not withstanding, there is growing agreement that institutions matter in ways not hiherto acknowledged or even imagined. A 'New Institutional Economics' has been appearing in response" (Williamson, 1988, S. 587).

Analog wird in der neoinstitutionalistischen Finanzierungstheorie das Ziel verfolgt, eine theorieimmanente Erklärung von finanzierungsrelevanten Institutionen zu ermöglichen: "Über die Abschwächung der für die marktorientierte neoklassische Finanzierungstheorie zentralen Informationsannahmen werden finanzielle Institutionen und reale Finanzierungsprobleme in konsistenter Weise erfaßbar: Sie lassen sich als Reaktionen auf oder als Folge von informationsbedingten Funktionsproblemen von Finanzmärkten deuten und analysieren" (Schmidt, 1981, S. 137).

Erklärungsansätze für die Existenz von Investment-Banken als Institutionen des Kapitalmarktes sind mithin in diesem Theoriezweig zu vermuten bzw. aus diesem abzuleiten (vgl. zu folgender Unterteilung ähnlich auch Bhattacharya/Thakor, 1993, S. 8).

Hierbei kann zunächst auf die Überlegungen von Benston/Smith (1976) zurückgegriffen werden. Sie begründen die Existenz von Finanzintermediären allgemein mit Transaktionskostenvorteilen dieser Institutionen bei der Erstellung von Finanzprodukten. Dieser Ansatz führt in unserem Untersuchungskontext zur Frage nach den Transaktionskosten der Organisationsalternativen "direkter Kontakt zwischen den Transaktionspartnern auf Finanzmärkten" und "indirekter Kontakt unter Einschaltung von Investment-Banken". Die Einschaltung von Investment-Banken ließe sich dann damit begründen, daß es dadurch gelingt, die Transaktionskosten der Beziehung zwischen den Partnern einer Kapitalmarkttransaktion zu reduzieren. Hinter dieser Überlegung stehen die Ergebnisse und die Methodik, der insbesondere von Coase (1937) und Williamson (1985) entwickelten Transaktionskostentheorie. Das Kernelement dieser Theorie ist die Frage nach effizienten Koordinationsformen wirtschaftlicher Aktivitäten.

Untersucht wird dann, welche Koordinationsform für eine bestimmte Transaktion – unter den Annahmen der beschränkten Rationalität und des opportunistischen Verhaltens von Individuen – als effizient anzusehen ist. Der Effizienzbegriff wird in diesem Zusammenhang mit Hilfe der Transaktionskosten präzisiert: Eine Koordinationsform gilt dann als effizient – im Vergleich zu anderen –, wenn sie mit minimalen Transaktionskosten verbunden ist. Transaktionskosten lassen sich zunächst recht allgemein – in Anlehnung an den Property-Rights-Ansatz – als die Kosten definieren, die bei der Festlegung, Übertragung und Durchsetzung von Verfügungsrechten bei einem Leistungsaustausch entstehen (vgl. Picot, 1993).

Orientiert man sich an den Phasen einer Transaktion, so können verschiedene Transaktionskostenarten unterschieden werden. Diese sind nachfolgend – in

Anlehnung an Albach (1988) – zusammengestellt und für das Geschäftsfeld der Primärmarkttransaktion "Emissionsbegleitung und Distribution von Fremdkapitaltiteln" mit Beispielen illustriert.

> *Suchkosten:* Kosten der Suche nach geeigneten Fremdkapitalgebern (Emittentensicht) bzw. nach geeigneten Investitionsmöglichkeiten (Anlegersicht); z. B. auch Kosten der Bekanntmachung einer Wertpapieremission.
>
> *Anbahnungskosten:* Kosten der Vorbereitung von Verhandlungen mit Emissionsbanken oder Anlegern (z. B. Kosten der Sammlung und Aufbereitung entsprechender Unternehmensinformationen).
>
> *Verhandlungskosten:* z. B. Kosten der Durchführung investorenorientierter Preisfindungsverfahren; Zeitkosten des Managements im Rahmen von Verhandlungen mit Emissionsbanken/Anlegern über Emissionsvolumen und -preise; Kosten der Rechtsberatung (z. B. hinsichtlich der Voraussetzung einer Börsennotierung).
>
> *Entscheidungskosten:* Kosten der Entscheidungsvorbereitung (z. B. Sichtung der Investorengebote und Analyse ihrer qualitativen Charakteristika); Kosten der Abstimmung mit Emissionsbanken.
>
> *Vereinbarungskosten:* Kosten der Schaffung der Wertpapiere und Abfassung der Kaufauf- bzw. -verträge.
>
> *Kontrollkosten:* Überwachung der Zahlungseingänge der Investoren sowie des Verhaltens des Emittenten nach Kapitalüberlassung (z. B. Leistung vereinbarter Zins- und Tilgungszahlungen).
>
> *Anpassungskosten:* Kosten der gegebenenfalls notwendigen Vertragsänderung (z. B. bei temporären Liquiditätsproblemen des Emittenten oder Verbesserung der Bonitätseinschätzung ex-post).
>
> *Beendigungskosten:* Kosten der Vertragsaufhebung (z. B. bei Beendigung der Geschäftsbeziehung mit der Emissionsbank, aber auch bei Kündigung bzw. vorzeitiger Rückgabe der Anleihe).

Diese Enumeration und Exemplifizierung verschiedener Transaktionskosten des Absatzes von Fremdkapitaltiteln zeigt, daß diese prinzipiell sowohl bei Marktbeziehungen (Fremdemission) als auch bei unternehmensinterner Erstellung der Distributionsleistungen auftreten können. Zu fragen ist mithin, unter welchen Bedingungen sich die Markt- oder Unternehmenskoordination relativ kostengünstiger erweist.

Daraus folgt, daß die Existenz von Investment-Banken in ihrer Funktion als Emissionsbanken aus diesem Theorieansatz immer dann erklärbar wird, wenn sie in den oben skizzierten Kategorien Kostenvorteile gegenüber der direkten Beziehung zwischen Emittent und Investoren aufweisen. Als Quelle solcher Kostenvorteile kann etwa auf die mehrfach nutzbaren Kontakte zu den Investoren – auch resultierend aus den Aktivitäten im Geschäftsfeld Anlageberatung – hingewiesen werden, die zu vergleichsweise geringen Kosten der Suche nach geeigneten Abnehmern für neu zu emittierende Finanztitel führen dürfte.

Auf der Basis analoger Überlegungen läßt sich auch die Rolle der Investment-Banken in den anderen Geschäftsfeldern als transaktionskostenreduzierender Intermediär erklären:

Sowohl als Broker als auch als M&A-Berater ist ihre transaktionskostenreduzierende Wirkung, insbesondere im Hinblick auf die Such- und Anbahnungskosten der jeweiligen Transaktionen, mit dem Verweis auf ihre Kontakte zu Unternehmen und Investoren, aber auch aus ihrer transaktionsbasierten Marktkenntnis ableitbar.

Wenngleich in dem bislang diskutierten Ansatz der Informationsaspekt zumindest implizit im Hinblick auf die Marktkenntnis und die Suchkostenvorteile der Investment-Banken Berücksichtigung findet, so führt dennoch eine stärkere explizite Fokussierung auf der Informationsproduktion und -verarbeitung an Finanzmärkten zu weitergehenden und in Teilbereichen alternativen Erklärungsansätzen für Investment-Banken. Voraussetzung hierfür ist die Aufhebung der Prämissen der vollkommenen Information und der identischen Bewertung von Informationen (homogene Erwartungen), die einen vollkommenen Kapitalmarkt kennzeichnen.

Dabei sind zwei komplementäre Argumente zu unterscheiden. Zum einen kann – und dieser Aspekt sei zunächst diskutiert – eine Auflockerung dieser Annahme dergestalt erfolgen, daß entscheidungsrelevante Informationen zwar allen Marktteilnehmern zugänglich sind, deren Beschaffung und Auswertung jedoch mit Kosten verbunden ist. Eine Delegation entsprechender Informationssammlungs- und -auswertungsaufgaben an zentrale Informationsproduzenten setzt als ökonomisch rationales Verhalten dann die Existenz von informationsbezogenen Kostenvorteilen dieser Institutionen voraus (vgl. dazu auch Millon/Thakor, 1985). Entsprechende Kostenvorteile der Informationsproduktion durch Investment-Banken lassen sich aufgrund ihrer Möglichkeiten der Realisierung von Economies of scale und scope vermuten. Erstgenannter Aspekt bezeichnet den Umstand, daß produzierte Informationen für mehrere Transaktionen/Kunden verwendbar sind, somit eine größere Verteilungsbasis für die entsprechenden Fixkosten resultiert und folglich günstigere Kostenbedingungen als bei der Multiplizierung der Informationskosten durch eine Vielzahl einzelner Marktteilnehmer realisiert werden können. Solche Economies of scale sind etwa im Zusammenhang mit dem bei mehreren Emissionstransaktionen nutzbaren Informationen über die Mechanismen nationaler und internationaler Finanzmärkte, die Anlagevolumina und -bedürfnisse der Investoren sowie die Ausgestaltung und Funktionsweise bestimmter Finanzierungsinstrumente ebenso zu vermuten wie bei dem Aufbau von Beratungs-Know-how im Bereich der Anlageberatung, spezifischen Bewertungskenntnissen im M&A-Geschäft oder der Generierung und Nutzung von Spezialwissen hinsichtlich der Konstruktion von Finanzinnovationen.

Kostenvorteile von Investment-Banken lassen sich jedoch nicht nur aus Economies of scale herleiten, sondern auch auf der Basis von Economies of scope begründen. Das zentrale Argument hierbei ist, daß die gleichzeitige Bearbeitung mehrerer Geschäftsfelder den Aufbau von Wissen fördert bzw. bedingt, das bei verschiedenartigen Transaktionen genutzt werden kann. Einige Beispiele mögen dieses Argument verdeutlichen:

- Nutzung von im Anlageberatungsgeschäft gewonnenen Informationen über Anlegerstrukturen und -bedürfnissen bei der Emissionsberatung und -distribution sowie im Handelsgeschäft.

- Die beim Financial Engineering generierten Kenntnisse über die Struktur und Funktionsweise von Finanzinnovationen als Basis der Beratung von Unternehmen und Anlegern beim Einsatz dieser Instrumente sowie als Grundlage des Eigenhandels in den entsprechenden Marktsegmenten.

- Der Einsatz aufgebauten Know-hows bezüglich der Bewertung von Unternehmen bei der Emissionspreisfindung, aber auch im M&A-Geschäft.

Die bisher vorgenommene, an Informationsproblemen der Marktteilnehmer orientierte Begründung der Existenz von Investment-Banken geht von recht allgemeinen Informationsproblemen aus, die lediglich dadurch gekennzeichnet sind, daß die Informationsaktivitäten Kosten verursachen. Legt man eine etwas engere Betrachtungsweise zugrunde und analysiert Investment-Banken vor dem Hintergrund der asymmetrischen Informationsverteilung zwischen Kapitalgeber und -nehmer, so ergeben sich weitergehende Erklärungsansätze.

Die Betonung einer asymmetrischen Informationsverteilung zwischen Kapitalnehmern und Investoren führt zusammen mit der Annahme diskretionärer Handlungsspielräume erstgenannter Gruppe zu einem Bild der Finanzierungsbeziehung als prekäre Partnerschaft (vgl. dazu grundlegend Jensen/Meckling, 1976, Schmidt, 1981): Investoren als Prinzipale delegieren gewisse Aufgaben und Kompetenzen an das Management von Unternehmen (Kapitalnehmer als Agenten). Wesentlich ist hierbei insbesondere die Beauftragung der Kapitalnehmer zur Festlegung der Geschäftspolitik, die sich im wesentlichen in der Investitionspolitik konkretisiert. Hinzu kommen Entscheidungskompetenzen der Agenten im Hinblick auf die Finanzierungspolitik. Die Handlungen der im Eigeninteresse handelnden Agenten in diesen Bereichen beeinflußen den durch das Unternehmen generierbaren Cash-Flow, der zur Befriedigung der Ansprüche der Fremdkapitalgeber (Zins- und Tilgungszahlungen) und der Renditeerwartungen der Eigenkapitalgeber (Dividendenzahlungen, Kurssteigerungen der Eigenkapitalanteile) zur Verfügung steht.

Zwei Quellen von durch opportunistisches Verhalten ausnutzbaren Informationsvorsprüngen sind prinzipiell zu unterscheiden (vgl. Arrow, 1985): hidden information als Informationsvorsprung des Agenten vor Kapitalüberlassung hinsichtlich der aus dem Erfolg der Geschäftspolitik resultierenden Qualität der zu emittierenden Finanzierungstitel und hidden action als Informationsvorsprung des Kapitalnehmers im Hinblick auf seine Handlungen nach Vertragsabschluß (nach Verkauf der Finanztitel). Letztgenannter Aspekt kann weiter in einzelne Agency-Probleme aufgespalten werden, wobei bei der Eigenkapitalfinanzierung insbesondere der Problemkreis der "on-the-job-consumption" (prerequisites) des Management zu Lasten der Eigenkapitalgeber im Mittelpunkt steht, während bei Fremdfinanzierungsbeziehungen, bei denen von Interessenkonflikten zwischen Management und Eigenkapitalgeber (Eigentümer-Unternehmer) i. S. einer partial-analytischen Betrachtung abstrahiert wird, im wesentlichen drei Problemkreise analysiert werden, nämlich der Anreiz der Kapitalnehmer zur Erhöhung der Risikohaftigkeit des Investitionsprogrammes, das Unterinvestitionsproblems sowie die Frage nach den von den Fremdkapitalgebern zu tragenden Kosten im Zusammenhang mit Konkursverfahren (vgl. zu diesen Problemkreisen ausführlich Barnea/Haugen/Senbet, 1985, S. 31 ff.).

Aus beiden skizzierten Quellen von Informationsasymmetrien resultieren Mißtrauen und Skepsis potentieller Kapitalgeber, falls sie die Möglichkeiten zum opportunistischen Verhalten der Kapitalnehmer antizipieren (vgl. Schmidt, 1981). Die Investoren sind insoweit bei ihrer Investitionsentscheidung einer verhaltensbedingten Qualitätsunsicherheit ausgesetzt, der sie mit entsprechenden Selbstschutzmaßnahmen zu begegnen versuchen. Dieser Selbstschutzmechanismus führt für die Kapitalnehmer zu nachteiligen Effekten (z. B. Verzicht auf Kapitalbereitstellung, Kreditrationierung, Erhöhung der Renditeforderungen), so daß letztere einen Anreiz haben, durch den Einsatz geeigneter Instrumente, Skepsis und Mißtrauen der Kapitalgeber zu reduzieren.

Die Einschaltung von Investment-Banken als Intermediäre zwischen Emittenten und Anlegern kann ein solches Instrument darstellen und unter der Voraussetzung, daß ihre Nutzung kostengünstiger ist als die alternativer Mittel zur Reduzierung der Prinzipal-Agenten-Problematik (vgl. zu einem Überblick Jacob, 1991), die Existenz von Investment-Banken begründen.

Basis dieser Argumentation ist die Überlegung, daß mit der Wahl bestimmter Investment-Banken als Emissionbegleiter Signale über die Qualität der Emission an die Investoren einhergehen (vgl. z. B. Titman/Trueman, 1986, S. 159). Die Charakterisierung der Investment-Banken erfolgt dann durch das Kriterium ihres firmenspezifischen Reputationskapitals. Reputations- oder Vertrauenskapital (vgl. dazu auch Albach, 1980) kann von einer Bank dadurch aufgebaut werden, daß sie auf kurzfristige Mehrerlöse verzichtet, indem sie nur zur Begleitung von "guten" Emissionen bereit ist bzw. höhere Kosten des Screening von Emissionen trägt (vgl. zu entsprechenden Modellformulierungen Booth/Smith, 1986; Carter/Manaster, 1990 und Neuss, 1993).

Das auf diese Weise aufgebaute Reputationskapital einer Investment-Bank wird dann zu einem bedeutenden Aktivum, das die Erzielung von Quasi-Renten bei zukünftigen Transaktionen erlaubt. Denn Emittenten von überdurchschnittlicher Qualität werden zu vergleichsweise höheren Provisionszahlungen an reputationsstarke Banken bereit sein, da letztere die Qualität der Emittenten über ihr Reputationskapital glaubhaft an die Anleger kommunizieren können, so daß ein der Qualität der Emission entsprechender Emissionserlös realisiert werden kann und die Preisabschläge aus Qualitätsunsicherheit (z. B. Underpricing bei Aktienerstemissionen; höhere Effektivzinsforderungen der Investoren bei Anleiheemissionen) wegfallen bzw. reduziert werden können. Die Glaubwürdigkeit der Informationsübermittlung durch die Investment-Bank wird dadurch sichergestellt, daß sie ihr Reputationskapital als Pfand (vgl. dazu allgemein Spremann, 1988) einbringt, welches im Fall fehlerhafter Signale durch üble Nachrede vernichtet werden kann; resultierend in einem Verlust der zukünftig auf dieses Reputationskapital zu erzielenden Quasi-Renten seitens der Bank.

Darüber hinaus könnte auch das von der Bank im Fall eines Übernahmekonsortiums bereitgestellte Kapital (vgl. dazu Fama, 1990) sowie die drohenden monetären Folgen einer Inanspruchnahme der Bank infolge deren Prospekthaftung verhaltensdisziplinierende Wirkung haben.

Der skizzierte Argumentationsrahmen liefert vor dem Hintergrund asymmetrischer Informationsverteilungen zwischen Kapitalnehmer und -geber als Charakteristikum von Finanzierungsbeziehungen eine Begründung für die Existenz von Investment-Banken als qualitätszertifizierende Institutionen bei der Emission von Wertpapieren. Damit wird das in der Praxis mit dem Begriff des "Emissionskredites" belegte Phänomen des Vertrauens der Investoren zur Emissionsbank im Hinblick auf die Qualität der Wertpapiere und die ordnungsgemäße Abwicklung der Emission erklärt.

Während damit jedoch primär das Verhältnis zwischen Emissionsbank und Anlegern analysiert wird, verlangt eine vollständige Analyse der Intermediär-Funktion der Investment-Banken im Emissionsgeschäft darüber hinaus die Betrachtung der Emittent-Emissionsbank-Beziehung unter dem Aspekt der Qualitätssicherungsfunktion letztgenannter Institution.

Zwei zentrale Fragestellungen sind in diesem Kontext von Bedeutung:

1. Wie kann die Emissionsbank eine bestimmte Qualität der Wertpapiere sicherstellen?

2. Welche Vorteile bietet der Reputationstransfer zwischen Emissionsbank und Emittent gegenüber einem direkten Aufbau von Reputationskapital seitens des Emittenten?

Mit der erstgenannten Fragestellung ist insbesondere die Informationsproduktion angesprochen. Eine mit den vorangegangenen Überlegungen zu Economies of scale and scope der Informationsbeschaffung und -auswertung kompatible Argumentation könnte wie folgt lauten: Investment-Banken müssen zur Überprüfung der Qualität des Emittenten bzw. seiner Wertpapiere Kosten aufwenden, wobei das Ausmaß der Sorgfalt und Intensität dieser Überprüfung positiv mit der Höhe der entsprechenden Kosten korreliert. Die Höhe des bankspezifischen Reputationskapitals hängt dann von der Qualität dieses Prozesses ab. Gegenüber einer Qualitätskontrolle seitens der einzelnen Investoren weisen Investment-Banken Kostenvorteile aus Economies of scale und scope auf; ihre Einschaltung verhindert zudem eine Duplizierung von Informationskosten.

Diese Argumentation kann erweitert werden, indem man nicht nur Kostenvorteile der Verarbeitung öffentlicher Informationen berücksichtigt, sondern auch solche Informationen über die Qualität des Emittenten, die dieser etwa aus Gründen einer möglichen Beeinflussung seiner Wettbewerbsposition auf den Produktmärkten nicht veröffentlichen möchte (vgl. dazu auch Campbell/Kracaw, 1980). Die explizite Übermittlung dieser "Insider-Informationen" an die Emissionsbank wird dann durch deren Reputation implizit an die übrigen Marktteilnehmer signalisiert. Demzufolge wäre die Einschaltung von Investment-Banken im Rahmen des Emissionsprozesses als Instrument zur impliziten Übermittlung unternehmensinterner, qualitätsrisikoreduzierender Informationen zu verstehen. Im Hinblick auf diese Funktion stehen sie dann allerdings in Konkurrenz zu Rating-Agenturen, die ebenfalls im Rating-Prozeß an nicht öffentlich verfügbare Informationen gelangen können (vgl. z. B. Holthausen/Leftwich, 1986, S. 61) und zu Kreditbanken, deren auf der Kenntnis unternehmensinterner Absatz- und Finanzpläne basierende Kreditvergabeentscheidung als Signal für die übrigen Marktteilnehmer wirken kann (vgl. z. B. James, 1987; Albach, 1988a; Lummer/Mc Connell, 1989 und Preece/Mullineaux, 1994).

Dieser theoretische Erklärungsansatz gibt bereits eine partielle Antwort auf den oben genannten zweiten Fragenkomplex: Antizipieren Emittenten eine vergleichsweise hohe Qualitätsunsicherheit der Anleger, die durch eine glaubwürdige Übermittlung unternehmensinterner Informationen abgemildert werden kann, so lohnt sich die Einschaltung eines Informationsbrokers immer dann, wenn die damit verbundenen Kosten geringer als die durch Signaleffekte bewirkten Kapitalkostenreduktionen sind.

Darüber hinaus kann auch die Häufigkeit des Einsatzes des Reputationskapitals einen Reputationstransfer zwischen Emissionsbank und Emittent vorteilhaft erscheinen lassen (vgl. Neuss, 1993): Investment-Banken können ihr Reputationskapital nämlich bei mehreren Emissionen verschiedener Kunden einsetzen, so daß nicht nur die Höhe der mit diesen Aktionen im Zeitablauf zu erzielenden Quasi-Renten steigt, sondern auch die Möglichkeiten zur Bestrafung eines Fehlverhaltens durch die Investoren im Vergleich zu einem kapitalnehmenden Unternehmen mit geringer Anzahl an Kapitalmarkttransaktionen (vgl. dazu auch Beatty/Ritter, 1986, S. 214).

1.4 Marktüberblick

In Ergänzung zu der bislang eher abstrakten, theoretischen Analyse von Investment-Banken soll in diesem Abschnitt die Betrachtung realer Marktgegebenheiten erfolgen. Ziel ist es, einen Überblick über die bedeutendsten Investment-Banken und ihre Geschäftsstruktur zu geben. Hierzu stützen wir uns auf die Daten einer von der Zeitschrift "Euromoney" durchgeführten Befragung für das Jahr 1994.

Rank 94	*Rank 93*	*Bank*	*Country*	*Grand total (out of 1,000)*	*Under- writing (out of 400)*	*Trading (out of 400)*	*Advisory (out of 200)*
1	1	Goldman Sachs	US	520,14	247,09	171,70	101,35
2	2	Merrill Lynch	US	457,06	252,82	136,51	67,73
3	5	Morgan Stanley	US	355,62	139,49	116,12	100,01
4	12	Lehman Brothers	US	321,10	120,84	144,34	55,92
5	3	JP Morgan	US	276,64	56,33	160,49	59,82
6	4	CS First Boston/Credit Suisse	Switzerland	244,55	130,14	70,21	44,20
7	8	Swiss Bank Corporation	Switzerland	222,59	61,86	147,59	13,13
8	6	Deutsche Bank	Germany	213,21	109,70	97,01	6,50
9	9	Union Bank of Switzerland	Switzerland	201,59	58,55	128,94	14,11
10	10	Citibank	US	185,03	21,01	131,06	32,96
11	7	SG Warburg	UK	179,49	75,44	29,47	74,58
12	11	Barclays de Zoete Wedd	UK	175,95	35,81	107,65	32,50
13	13	Salomon Brothers	US	147,24	31,74	62,27	53,22
14	17	Chase Manhattan	US	146,50	1,90	94,60	50,00
15	15	HSBC Group	UK	139,20	18,16	100,14	20,90
16	19	Nat.West	UK	120,36	30,26	77,16	12,94
17	14	Chemical	US	104,69	11,83	84,27	8,59
18	16	Paribas	France	92,81	42,56	48,71	1,54
19	20	Bankers Trust	US	88,70	11,51	75,90	1,29
20	23	Nomura	Japan	88,26	55,23	28,86	4,17

Quelle: Euromoney, December 1994

Tabelle 1.2: Gesamt-Ranking der Investment-Banken

Basis der ermittelnden Rankings der Investment-Banken sind eine Befragung von Marktteilnehmern (z. B. Emittenten, Händler) sowie Daten über das Volumen durchgeführter Transaktionen. Die Bewertung der Banken erfolgt dabei in drei Kategorien:

(1) Underwriting mit den Komponenten Euroanleihen, Aktien, "Overall Capital Raising", Asset Backed Securities, Auslandsanleihen, Medien-Term-Notes und Commercial Paper.

(2) Handelsgeschäft mit den Komponenten Eurobonds, öffentliche Anleihen, Medien-Term-Notes, Euro-Commercial-Paper, Derivate, Währungen und Aktien.

(3) Beratungstätigkeit mit den Komponenten kurzfristige und langfristige ökonomische Analysen, Aktienresearch für Europa; volkswirtschaftliche Analysen für den asiatischen Raum; M&A-Verkaufs- und Kaufberatung.

Der Gesamtbewertung der in die Untersuchung einbezogenen Investment-Banken liegt ein Scoring-Modell zugrunde: Der Gesamtpunktwert für die einzelnen Institute ergibt sich als Summe der gewichteten Teilscores in den einzelnen oben skizzierten Bereichen.

Tab. 1.2 gibt die Gesamtbewertung der Investment-Banken und das daraus abgeleitete Ranking wieder. Auffällig ist zunächst, daß der Markt im wesentlichen durch US-amerikanische und britische Banken dominiert wird: 70 % der 20 führenden Investment-Banken kommen aus diesen Ländern. In gewisser Weise kann dies als Resultat des in diesen Ländern traditionell bestehenden Trennbankensystems, verbunden mit einer früher einsetzenden Entwicklung spezialisierter Institutionen im Investment Banking, eines entsprechenden Know-how- und Reputationsaufbaus sowie einer stärkeren Kapitalmarktorientierung (vgl. dazu auch Jacob, 1993) gewertet werden.

Weiterhin fällt auf, daß die ersten fünf Positionen 1994 von US-amerikanischen Investment-Banken eingenommen wurden, von denen vier sich bereits im Jahr zuvor unter den ersten fünf befanden. Lediglich ein deutsches Institut, die Deutsche Bank, nimmt einen Platz unter den führenden 20 Investment-Banken ein, wobei sich deren Position im Vergleich zu 1993 etwas verschlechtert hat (Platz 8 vs. Platz 6 im Vorjahr). Hier bleibt abzuwarten, wie sich die organisatorischen Veränderungen (Verlagerungen des Investment Banking in wesentlichen Teilen nach London) zukünftig auf deren Marktposition auswirken. Analog dürfte von Interesse sein, inwieweit sich die strategischen Entscheidungen anderer deutscher Institute zur Stärkung ihrer Investment-Banking-Aktivitäten (z. B. der Erwerb von Kleinwort Benson durch die Dresdner Bank) in den nächsten Jahren in deren Ranking-Position niederschlagen.

Unterschiedliche Wettbewerbspositionen und Stärken/Schwächen-Profile in verschiedenen Marktsegmenten können einer detaillierten Analyse einzelner Geschäftsfelder der Investment-Banken entnommen werden.

Analysiert man etwa die Position der Deutschen Bank in den einzelnen Geschäftsfeldern, so wird deutlich, daß ihre relative Stärke insbesondere bei den Primärmarkttransaktionen liegt, während sie im Handels- und Beratungsgeschäft im Vergleich zum Gesamtranking nur eine unterdurchschnittliche Position einnimmt. Aber selbst für die führenden Investment-Banken lassen sich gewisse dominante Erfolgsquellen ausmachen. So ist Merrill Lynch Marktführer bei Primärmarkttransaktionen, während dieses Institut im Handels- und Beratungsgeschäft zwar auch unter den ersten fünf Banken zu finden ist, jedoch mit dem fünften bzw. vierten Platz eine weniger gute Position als im Primärmarktgeschäft aufweist. Hingegen ist Goldman Sachs entsprechend der

Umfrageergebnisse in nahzu allen Geschäftsbereichen gleich stark; lediglich im Bereich "Underwriting" nimmt dieses Institut mit dem zweiten Platz nicht die führende Position ein.

Ausgehend von diesen realen Marktgegebenheiten als Ausdruck zwischen Instituten divergierender Geschäftsstrukturen und -strategien ergibt sich prinzipiell die unternehmensstrategische Frage, welche Auswirkungen von unterschiedlichen Strategien (Fokussierung auf bestimmte Teilbereiche des Investment Banking versus Bestreben nach einer ausgewogenen Geschäftsstruktur) auf den Unternehmenserfolg (z. B. Marktwert, Eigenkapitalrendite) und dessen Schwankungen ausgehen. Zu vermuten ist hierbei, daß den Spezialisierungsvorteilen der Fokussierungsstrategie die Nachteile einer mangelnden Ausschöpfung von Economies of scope und einer stärkeren Abhängigkeit des Unternehmenserfolges von der Marktentwicklung in einem bestimmten Geschäftsbereich gegenüberstehen.

1.5 Investment Banking und Bankpolitik

Die bankbetriebswirtschaftliche Analyse von Investment-Banken setzt eine Klärung der Perspektive, unter der dieses Teilgebiet zu betrachten ist, voraus. Prinzipiell sind dabei zwei Ansatzpunkte möglich und denkbar: Zum einen kann die bankpolitische und -strategische Perspektive zugrundegelegt werden und zum anderen eine instrumentelle Sichtweise (vgl. dazu Abbildung 1.3).

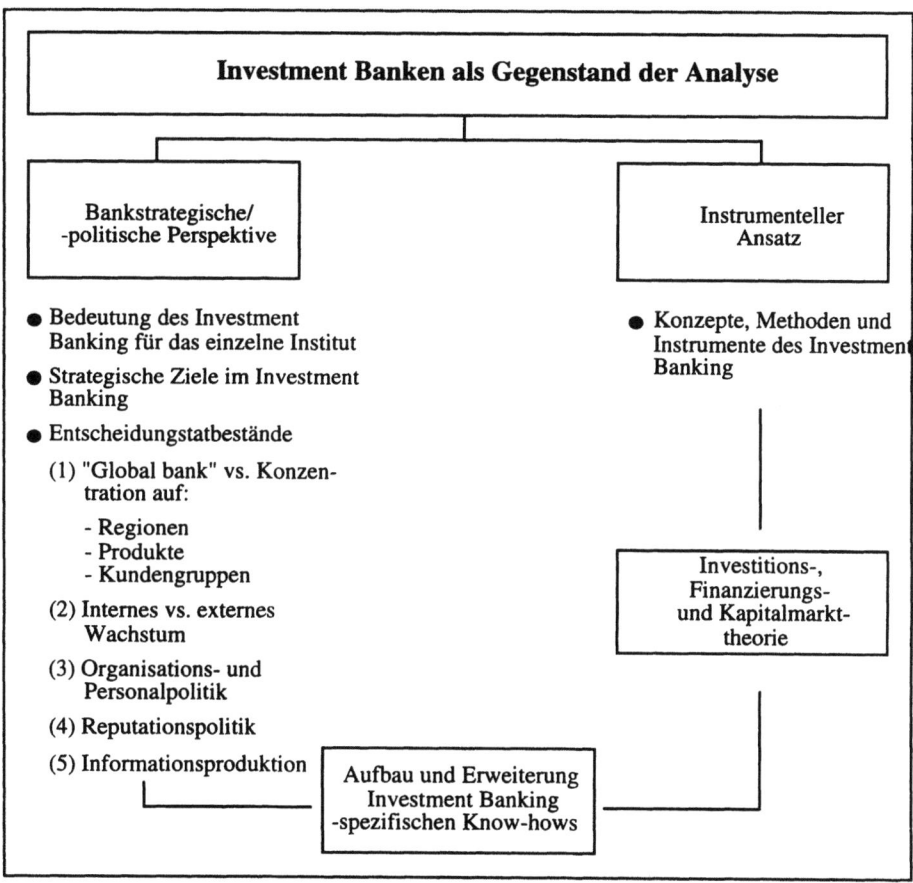

Abbildung 1.3: Investment-Banken als Gegenstand der Analyse

Im Mittelpunkt der zweiten Betrachtungsweise stehen dann die für die Aufgaben des Investment Banking relevanten Methoden und Konzepte. Zu fragen ist mithin, welches spezifische Know-how zur Bearbeitung von Problemstellungen des Investment Banking notwendig ist. Hierbei ergibt sich ein enger Bezug zu den in der Investitions-, Finanzierungs- und Kapitalmarkttheorie entwickelten

Konzepten und Instrumenten, deren Beherrschung die Basis zur Abwicklung Investment Banking-bezogener Transaktionen bildet.

Demgegenüber stehen bei Betrachtung des Investment Banking unter erstgenannter Perspektive bankpolitische und -strategische Fragestellungen im Zentrum der Überlegungen. Die Festlegung der Geschäftspolitik und die Planung der Entwicklung dieses Geschäftsfeldes kann zunächst an der Frage der strategischen Ziele ansetzen. Im Kern geht es hierbei bei Universalbanken insbesondere um die Bestimmung der relativen Bedeutung dieses Geschäftsfeldes, der in einen bestimmten Zeitrahmen angestrebten Marktposition sowie um die zur Erreichung dieser entsprechenden Ziele notwendigen Ressourcenbereitstellung.

Vor dem Hintergrund der angestrebten Ziele und möglicher Ressourcenbeschränkungen sind dann bankpolitische Entscheidungen zu treffen. Ein erster solcher Entscheidungstatbestand betrifft die Marktfeldstrategie: Zu entscheiden ist hierbei, welche Regionen und Kundengruppen mit welchen Produkten und Beratungsleistungen bearbeitet werden sollen. Zwei grundsätzliche Strategiealternativen sind in diesem Kontext zu unterscheiden, nämlich zum einen das weltweite Angebot einer umfassenden Produktpalette ("global investment banking") und zum anderen die Konzentration auf bestimmte regionale Märkte, Kundengruppen und/oder Produktkategorien i. S. einer Fokus-Strategie.

Neben der Marktfeldstrategie ist zu fragen, durch welche Parameter ein gegenüber der Konkurrenz überlegenes Leistungsangebot erreicht werden kann (Wettbewerbsvorteilsstrategie). Als wettbewerbsrelevante Parameter für Investment-Banken werden genannt (vgl. Kuhn, 1990, S. 54): Kapitalverhältnisse, Kundenbeziehungen und Personal.

Die Kapitalverhältnisse sind als limitationaler Faktor für das Wachstum, inbesondere im Bereich des Underwriting, von entscheidender Bedeutung: Die Begleitung von Primärmarkttransaktionen und die dabei auftretende Funktion der Übernahme des Plazierungsrisikos verlangt eine adäquate Ausstattung mit Eigenmitteln. Eine mangelnde Kapitalbasis kann bei größeren Transaktionen den Verzicht auf die Begleitung der Transaktion oder zumindest die Notwendigkeit zur Beteiligung weiterer Investment-Banken (Bildung von Konsortien) unter dem Aspekt der Risikoteilung bedingen. Darüber hinaus sind die Kapitalverhältnisse auch für einen weiteren Entscheidungstatbestand, nämlich den des externen Wachstums durch Zukauf, von Bedeutung. Schließlich können sie auch als limitationaler Faktor für das Ausmaß der Risikoübernahme im Eigenhandel betrachtet werden.

Die originäre Bedeutung der Anzahl und Qualität der Kundenbeziehungen für den Geschäftserfolg dürfte unmittelbar einsichtig sein. Darüber hinaus gewinnt dieser Faktor jedoch vor dem Hintergrund der Überlegungen zur Reputation von Investment-Banken an Relevanz. Die Anzahl und Volumina abgewickelter Transaktionen, die Reputation der Kunden einer Investment-Bank sowie die Häufigkeit mehrfacher Transaktionen mit einem Kunden (Stammkunden, repeat business) können Indikatoren für die Qualität der als Güter mit Erfahrungs- und

Vertrauenseigenschaften zu charakterisierenden Dienstleistungen der entsprechenden Institutionen sein.

Die Marktposition von Investment-Banken im Zeitablauf kann als Indikator der Reputation der Investment-Bank gewertet werden, da hierin zum einen die dynamischen Effekte des Reputationsaufbaus zum Ausdruck kommen und zum anderen die damit einhergehende Überlegung, daß das Wohlverhalten der Investment-Bank in ihrer qualitätszertifizierenden Funktion zur Erzielung von Quasi-Renten durch nachfolgende Transaktionen beiträgt (vgl. 1.3). Dementsprechend erfolgt in empirischen Untersuchungen eine Operationalisierung des Konstruktes des Reputationskapitals über die Marktstellung im Zeitablauf dokumentierende Parameter, wie etwa der Marktanteil im Zeitablauf (Beatty/Ritter, 1986), die Position, an der die Bank im Durchschnitt als Konsortialmitglied geführt wird (Carter/Manaster, 1990) oder die Überprüfung, ob die Bank über einen gewissen Zeitraum zu den "Top 25" gehörte (Balvers/Mc Donald/Miller, 1988). Für andere Geschäftsbereiche lassen sich analoge Kriterien finden, z. B. die Entwicklung der Anzahl und des Volumens der verwalteten Depots, Anzahl und Qualität der beratenen privaten und institutionellen Investoren im Zeitablauf etc.

Diesen Überlegungen zufolge bietet es sich an, zusätzlich zu dem Parameter der Kundenbeziehungen in seiner originären Bedeutung auch als eigenständigen Erfolgsfaktor das Reputationskapital zu berücksichtigen, zumal mit den Aufgaben des Aufbaus, Erhaltes von Reputationskapital, dessen Kommunikation sowie Fragen des Reputationstransfers (z. B. zwischen verschiedenen Geschäftsbereichen der Investment-Bank oder zwischen Referenzkunden und der Investment Bank) Komponenten einer entsprechenden Reputationspolitik der Bank entwickelt werden können (vgl. dazu allgemein auch Simon, 1985).

Auch der gute Ruf einzelner Mitarbeiter und deren Kundenbeziehungen können als Komponente der Reputation der Bank gewertet werden und leiten somit über zu einem weiteren Wettbewerbsparameter: Die Personalpolitik als wesentliches Element der Bankpolitik von Investment-Banken erhält ihre Berechtigung nicht nur aus den z. T. auf persönlichen Beziehungen basierenden Kundenkontakten, sondern insbesondere auch aus dem in den Personen "gebundenen Know-how" als wesentlichem Produktionsfaktor (Humankapital).

Die Komponenten einer entsprechenden Personal- und Organisationspolitik umfassen Fragen der Kompensationsstruktur, der Etablierung einer Unternehmenskultur – auch unter Einschluß ethischer Berufsstandards –, einer Organisations- und Berichtsstruktur, auch im Hinblick auf die Ausnutzung möglicher Economies of scale und scope der Informationsbeschaffung und -verwertung und schließlich der Personalrekrutierung und -entwicklung (vgl. dazu ausführlich Hunt, 1995, S. 115 ff.).

Wenngleich – wie gerade skizziert – Fragen der Informationsproduktion auch eine organisationspolitische Komponente beinhalten, so scheint es angesichts der Bedeutung dieses Faktors für die verschiedenen Funktionen von Investment-Banken auf Kapitalmärkten (vgl. 1.3) gerechtfertigt, ihn als eigenständigen Wettbewerbsparameter aufzuführen. Versteht man Investment-Banken auch als Informationsbroker, so wird deren Fähigkeit zur kostengünstigen, schnellen und umfassenden Beschaffung und Auswertung von Informationen zu einem wesentlichen Wettbewerbsfaktor – auch durch die Nutzung von Economies of scale and scope der Informationsproduktion –, hinsichtlich dessen Wettbewerbsvorteile aufgebaut werden können.

Damit sind die wesentlichen Wettbewerbsfaktoren und die entsprechenden Felder der Bankstrategie und -politik aufgezeigt. Eine Verbindung dieses Ansatzes zur instrumentellen Perspektive ergibt sich bei Fragen des Investment-Banken-spezifischen Know-how, dessen Inhalte und Konzepte im instrumentellen Ansatz beschrieben werden und dessen Bedeutung als Wettbewerbsparameter bankpolitische Entscheidungen (z. B. in der Personalpolitik) verlangt und beeinflußt.

Im folgenden wird der instrumentelle Ansatz im Mittelpunkt der Betrachtung stehen, wobei den sich aus zwei wesentlichen Geschäftsfeldern ergebenden Aufgabenstellungen und Instrumenten zu deren Bewältigung besondere Aufmerksamkeit gewidmet wird, zum einen den im M&A-Geschäft erforderlichen Konzepten und zum anderen Methoden, die bei der Emission von Wertpapieren zum Einsatz gelangen.

2 M&A-Transaktionen als Geschäftsfeld von Investment-Banken

2.1 Aufgaben der Investment-Banken im M&A-Geschäft

Spätestens seit den 80er Jahren wurden mit der Ausweitung des Marktes für Unternehmenskontrolle M&A-Transaktionen zu einem bedeutenden Geschäftsfeld für Investment-Banken. Während jedoch noch Mitte der 80er Jahre das Marktvolumen in den USA weitaus höher war als in den einzelnen Ländern Kontinentaleuropas, hat sich zu Beginn der 90er Jahre die Anzahl von Unternehmensübernahmen mit Beteiligung deutscher Unternehmen sowohl auf der Verkäufer- als auch auf der Käuferseite im Vergleich zu 1985 mehr als verdoppelt (vgl. Gerke/Garz/Oerke, 1995, S. 805 f.). Sie stieg von ca. 1 500 Transaktionen im Jahr 1995 auf nahezu 3 500 Übernahmen 1990, bevor die Anzahl bis 1992 auf rund 3 000 zurückging (vgl. Abbildung unter 1.2).

Das starke Wachstum des Marktes für Unternehmensübernahmen zu Beginn der 90er Jahre ist dabei nicht zuletzt auf die mit der deutschen Wiedervereinigung in Verbindung stehenden Privatisierungen zurückzuführen. Gerade diese, i. d. R. von der Treuhand abgewickelten Transaktionen, boten angelsächsischen Investment-Banken Marktchancen und erlaubten ihnen, im deutschen M&A-Markt Fuß zu fassen (vgl. Walther, 1993).

Das M&A-Geschäft zeichnet sich gegenüber dem Wertpapiergeschäft durch einige Besonderheiten aus (vgl. dazu Williamson, 1988, S. 219 ff.):

- Die Kunden sind vergleichsweise heterogen hinsichtlich ihrer Motive für Unternehmensübernahmen (z. B. leistungswirtschaftlich versus primär finanzwirtschaftlich motivierte Übernahmen).

- Volkswirtschaftliche Faktoren bestimmen Marktvolumen und Marktstruktur (z. B. Branchen mit ausgeprägten Übernahmeaktivitäten). So zeigen längerfristige Zeitvergleiche des Transaktionsvolumens, daß der M&A-Markt ausgeprägten Zyklen unterliegt, was vor allem auf die konjunkturell bedingt variierende Kaufbereitschaft größerer Unternehmen zurückgeführt werden kann (vgl. Craven, 1995, Sp. 1446).

- Der M&A-Markt ist gekennzeichnet durch eine relativ geringe Zahl sehr großer Transaktionen und eine weitaus bedeutendere Zahl von Übernahmen mittlerer Größe.

- Das M&A-Geschäft zeichnet sich durch spezifische Wettbewerbsfaktoren aus, die sich als Eintrittsbarrieren erweisen können: Neben der Reputation der Investment-Bank (vgl. dazu 1.3) zählt dazu insbesondere die Expertise für Unternehmensbewertungen und Beratungsleistungen im Zusammenhang mit Kauf- und Verkaufstransaktionen. Die Kapitalausstattung der Investment-Banken ist demgegenüber in diesem Geschäftsfeld von geringerer Bedeutung als im Emissionsgeschäft. Ausgenommen hiervon sind Transaktionen, bei denen die Banken Garantien für die Finanzierung von Übernahmen geben (vgl. dazu Bloch, 1989, S. 163).

- M&A-Geschäfte entziehen sich als spezifische Einzelgeschäfte i. d. R. einer schematischen Standardisierung von Abläufen und Aufgabenstellungen.

Ausgehend von dieser Beschreibung der quantitativen und qualitativen Merkmale des M&A-Geschäftes wollen wir nun die einzelnen Aufgaben, die den Investment-Banken bei entsprechenden Transaktionen zukommen, eingehender diskutieren. Bereits unter 1.1 bei der Unterscheidung verschiedener Geschäftsfelder haben wir die drei zentralen Aufgabenkomplexe skizziert:

(1) Begleitung des gesamten Transaktionsprozesses mit dem methodischen Schwerpunkt der Durchführung von Unternehmensbewertungen

(2) Strategieberatung

(3) Beratung bei der Abwehr feindlicher Übernahmen

In den nächsten beiden Abschnitten werden wir uns den Punkten (1) und (3) näher zuwenden. Die Frage der Strategieberatung hingegen kann u. E. nicht als spezifische Aufgabe von Investment-Banken aufgefaßt werden, da sie in diesem Bereich mit anderen Anbietern konkurrieren (insbesondere Unternehmensberatungen) und die leistungswirtschaftlich orientierte Strategieberatung spezielle Kenntnisse verlangt.

Dennoch kann sich aus bankpolitischer Sicht der Versuch, auch solche Beratungsleistungen in das Angebot von Investment-Banken zu integrieren, insofern als sinnvoll erweisen, da dadurch nicht nur zusätzliche Erträge zu generieren sind, sondern Investment-Banken auch Economies of scope bei der Informationsproduktion erzielen können; denn die Analyse des zu bewertenden Unternehmens, dessen Umfeld (z. B. Branchenstruktur) sowie die Ermittlung potentieller Synergien können als Ausgangspunkt einer Strategieberatung gewertet werden. An dieser Schnittstelle kommt es in praxi jedoch häufig auch zu einer Zusammenarbeit zwischen Investment-Banken und Beratungsunternehmen.

2.1.1 Aufgabenstellungen im Verlauf des Transaktionsprozesses

Die verschiedenen Aufgaben, die Investment-Banken bei M&A-Transaktionen wahrzunehmen haben, lassen sich einzelnen Phasen des Akquisitionsprozesses zuordnen.

Wenngleich jede M&A-Transaktion als nur schwer standardisierbares Einzelgeschäft mit einer spezifischen Struktur des Transaktionsprozesses einhergeht, so lassen sich dennoch bestimmte Stufen einer Akquisition allgemeingültig ableiten, wobei dann allerdings Reihenfolge und Bedeutung der einzelnen Phasen bei einzelnen Transaktionen variieren können.

Craven (1995) identifiziert folgende Phasen eines idealtypischen Akquisitionsprozesses:

(1) Festlegung der Akquisitionsstrategie, insbesondere des Kriterienkatalogs für die Auswahl von potentiellen Übernahmekandidaten ("Target")

(2) Auswahl der Zielunternehmen

(3) Ansprache der Targets

(4) Informationsbeschaffung, Bewertung und Angebotsabgabe

(5) Vertragsverhandlungen und -abschluß

(6) Übergang auf den Erwerber (Closing) und Zahlung

Betrachtet man zunächst die beiden erstgenannten Phasen, so wird deren starke Interdependenz deutlich: Der zu formulierende Kriterienkatalog determiniert zusammen mit den realen Ausprägungen der Kriterien bei den Unternehmen am Markt den Kreis potentieller Targets. Insofern wird die Auswahl von Zielunternehmen zu einem Informationsproblem: Zu ermitteln sind die realen Kriterienausprägungen bei den Unternehmen am Markt.

Die Frage nach den Elementen des **Kriterienkatalogs**, der die Anforderungen an potentielle Übernahmekandidaten spezifiziert, hängt eng mit den Motiven einer Akquisition zusammen. Zunächst können zwei Gruppen von Motiven unterschieden werden:

(a) Leistungswirtschaftliche Motive

Hier steht die Verbesserung der Wettbewerbsposition des Unternehmens durch den Kauf eines anderen Unternehmens im Mittelpunkt der Betrachtung. Aus den beiden grundlegenden Wettbewerbsparametern Kundennutzen und Produktkosten (vgl. z. B. Albach 1992) folgt, daß entsprechende Kriterienkataloge primär auf kundennutzenbezogene Bereiche ausgerichtet sein können oder auf die Erzielung von Kostenreduktionen. Beispiele für erstgenannte Gruppe von Kriterien sind etwa (vgl. Reicheneder, 1992, S. 74): Branchenattraktivität, Marktanteile des Targets, Konkurrenzsituation, Personalbestand und Managementfähigkeiten, Qualität und Preise des Produktprogramms, Innovationsfähigkeit, Produktionskapazität und -flexibilität, Technologie. Diese Liste ist um ein stärker zukunftsorientiertes Konzept zu ergänzen, welches in neueren Arbeiten zum strategischen Management postuliert wird. Insbesondere Hamel/Prahalad (1990, 1994) verweisen auf die Bedeutung ressourcenbasierter Strategien: Die zukünftige Wettbewerbsfähigkeit von Unternehmen wird demnach durch das Portfolio ihrer Kernkompetenzen definiert, als Bündel von Fähigkeiten und Technologien, welche via Kern- und Endprodukten zur Steigerung des Kundennutzens beitragen können. Vor diesem Hintergrund können Unternehmensakquisitionen durch das Ziel motiviert sein, diejenigen fehlenden Kernkompetenzen zu erwerben, die für die Erstellung zukünftig wettbewerbsrelevanter Produkte notwendig sind. Dabei ist allerdings zu beachten, daß diese leistungswirtschaftlichen Synergien in bezug auf die Kombination von Fähigkeiten zweier Unternehmen potentieller Natur sind; ihre Realisierung somit etwa wesentlich von der Schaffung entsprechender organisatorischer Voraussetzungen abhängt. Gleiches gilt auch für angestrebte Synergien im Bereich der Kosten. Das Ziel der Kostenreduktion durch Zukauf verlangt neben einer Abschätzung der aktuellen Kostenstruktur des Targets die Analyse folgender möglicher Kosteneinsparungsbereiche:

- Ausnutzung von Erfahrungskurveneffekten in der Produktion bei horizontalen Akquisitionen ohne Produktausweitung

- Economies of scope in der Produktion bei horizontalen Akquisitionen mit Ausweitung der Produktpalette unter der Voraussetzung flexibler Produktionsstätten (Teece, 1980)

- Reduktion von Overhead-Kosten bei allen Formen von Unternehmenszusammenschlüssen

- Verbesserung der Bedingungen der Kapitalaufnahme, insbesondere Fremdkapital, durch Bündelung des Kapitalbedarfes und/oder Reputationstransfereffekte zwischen Teilunternehmen unterschiedlicher Bonität (vgl. Bühner, 1991, S. 515)

(b) Finanzwirtschaftliche Motive

Auch finanzwirtschaftliche Motive, die zu den leistungswirtschaftlichen hinzutreten, oder allein einen Unternehmenskauf bedingen können, führen zu weiteren möglichen Anforderungskriterien an Zielunternehmen. Drei entsprechende Motive sind dabei zu unterscheiden.

- Risikoreduktion durch Diversifikationsinvestitionen

Hinter diesem Motiv steht die zentrale Idee der Portfoliotheorie: Die Kombination zweier (oder mehrerer) Assets mit nicht vollständig positiv korrelierten erwarteten Renditen führt zu einer Reduktion der Schwankungen der Rendite des Gesamtportfolios. Dieses Konzept wird insbesondere von Finanzholdings ausgenutzt, die dann Unternehmenskäufe vor dem Hintergrund der Verringerung der Renditeschwankungen beurteilen. Daraus folgt als Anforderung an das zu erwerbende Unternehmen, daß dessen Rendite eine möglichst geringe positive Korrelation mit den Renditen des bereits gehaltenen Unternehmensportfolios aufweist (z. B. Wahl von Unternehmen verschiedener Branchen oder internationale Diversifikationsinvestitionen). Dieses Motiv der Unternehmensübernahme wird allerdings im Shareholder-Value-Ansatz (vgl. dazu weiter unten) kritisch hinterfragt: Warum wird der zum Kauf des Unternehmens verwendete Cash-Flow nicht an die Aktionäre ausgeschüttet und ihnen eine Diversifikation ihres "Privatportfolios" überlassen? Begründen ließe sich ein solches Verhalten jedoch mit Unvollkommenheiten des Kapitalmarktes, also etwa Informationsvorsprüngen oder Transaktionsvorteilen der Finanzholding bei der Identifizierung und Bewertung von Zielunternehmen sowie mangelnder Teilbarkeit des Investitionsprojektes z. B. im Fall nicht börsennotierter Übernahmekandidaten.

- Steuerliche Aspekte

Ausnutzung von Verlustvorträgen des zu erwerbenden Unternehmens zur Minderung der Steuerlast des Käufers. Dieses Motiv kann etwa im Fall der Übernahme der AEG durch die Daimler Benz AG von Bedeutung gewesen sein, da die Steuerersparnis den Kaufpreis der AEG bei weitem überstieg (vgl. Bühner, 1991, S. 516 und die dort angegebene Literatur).

- Ausnutzung von Unterbewertungen von Unternehmen durch den Markt

Dieses Motiv basiert letztlich auf Arbitrageüberlegungen: Die Kosten der Informationsbeschaffung und -analyse zur Entdeckung von Unterbewertung werden durch die Gewinne, die aus der Differenz zwischen Gleichgewichtspreis und Kaufpreis resultieren, zu überkompensieren gesucht. Eine der zentralen Fragen hierbei bezieht sich auf den Maßstab für eine Unterbewertung. Einen solchen Maßstab stellt etwa der von Tobin – im Kontext makroökonomischer Analysen zur Prognose des Investitionsverhalten von Unternehmen – vorgeschlagene Quotient an dem Marktwert (MW) des Unternehmens und den Reproduktionskosten (RK) der Aktiva dar (vgl. Brainard/Tobin, 1968; Tobin, 1969). Diesen Quotienten bezeichnet Tobin mit Q. Geht man davon aus, daß sich der Marktwert als ewige Rente eines konstanten Einzahlungsüberschusses mit der Diskontierungsrate r_F (Finanzierungskostensatz) und die Reproduktionskosten analog unter Heranziehung der Realertragsrate als Diskontierungssatz (r_i) ergeben, so gilt folgende Beziehung:

$$Q = \frac{MW}{RK} = \frac{\frac{E}{r_F}}{\frac{E}{r_i}} = \frac{r_i}{r_F}$$

Aus obiger Gleichung ist ersichtlich, daß bei Unternehmen mit Q > 1 die Realertragsrate über dem Finanzierungskostensatz liegt; sie sollten weiter investieren. Bei Firmen mit Q < 1 hingegen bewertet der Markt die in diese Unternehmen investierten Beträge mit einem Abschlag (vgl. dazu ausführlich Gehrke, 1994, S. 17 ff.).

Für praktische Anwendungen der Q-Kennzahl wird i. d. R. der Marktwert als Summe aus dem Marktwert des Eigen- und Fremdkapitals und der Reproduktionswert als Buchwert oder als Wiederbeschaffungskosten der Aktiva des Unternehmens operationalisiert (vgl. Gehrke, 1994, S. 127 ff.). Eine Verbindung zwischen der gerade skizzierten Konzeption und dem M&A-Geschäft kann nun auf drei Ebenen erfolgen:

(1) Bestimmung von Übernahmekandidaten

(2) Ermittlung von potentiellen Unternehmenskäufern

(3) Beurteilung der Auswirkungen von Übernahmen auf die Aktionäre beider Gesellschaften

Als Übernahmekandidaten können insbesondere solche Unternehmen gelten, die einen Q−Wert < 1 aufweisen. Ihr Buchwert liegt unter dem Marktwert; dies bedeutet, daß letztlich ein Verkauf der Aktiva c. p. einen über dem Marktwert des Unternehmens liegenden höheren Erlös erbringen würde. Diese "Fehlbewertung" kann durch den Kauf dieser Unternehmen i. S. einer Arbitrage ausgenutzt werden. Als Kaufinteressenten kommen dabei insbesondere Unternehmen mit q-Werten > 1 in Frage, die ja ihre Investitionstätigkeit ausweiten sollten, da ihre Realertragsrate unter dem Finanzierungskostensatz liegt (vgl. dazu Chappell/Chang, 1984). Lang et al. (1989) untersuchen dann die Beziehungen zwischen Unternehmen, die durch unterschiedliche Q−Werte gekennzeichnet sind, und den Auswirkungen von M&A-Transaktionen auf die Rendite deren Aktionäre. Sie bestimmen empirisch die Überrenditen für eine Datenbasis von 209 erfolgreichen Übernahmen. Ihre dabei erzielten Ergebnisse sind in nachfolgender Abbildung zusammengefaßt.

		Verkäufer	
		Q > 1	Q < 1
Käufer	Q > 1	Aktionäre des übernommenen Unternehmens profitieren	alle Aktionäre haben Vorteile aus der Transaktion
	Q < 1	allenfalls die Aktionäre der übernommenen Firma erwarten einen schwachen Gewinn	Aktionäre des übernommenen Unternehmens profitieren

Quelle: Gehrke (1994), S. 81

Abbildung 2.1.: Beziehung zwischen Übernahmerenditen und Q-Werten nach Lang et al. (1989)

Die Ergebnisse zeigen, daß eine Konstellation, in der eine Firma mit einem Q-Wert > 1 eine Unternehmung mit einem Q-Wert < 1 übernimmt, den Idealfall für die Vermögensposition der Aktionäre beider Transaktionspartner darstellt. Zur Begründung verweisen die Autoren auf unterschiedliche Managementqualitäten von Unternehmen. Ein hohes Q zeigt eine vergleichsweise gute Managementqualität an. Die Übernahme eines Unternehmens mit geringem Q läßt dann eine Verbesserung des Managements dieser Unternehmung erwarten, da sie von einem höher qualifizierten Management geführt wird. Dadurch steigt der Marktwert der Unternehmung.

Neben den bislang skizzierten leistungs- und finanzwirtschaftlichen Motivgruppen einer Übernahme wird in der agency-theoretisch geprägten Literatur vor dem Hintergrund der Interessenkonflikte zwischen Aktionären und Management zusätzlich auf **metaökonomische Zielsetzungen** bei Unternehmenskäufen verwiesen: Externes Unternehmenswachstum durch Zukäufe ist dann durch das Bestreben des Managements motiviert, seine persönliche Macht und Einkommenssituation sowie sein Prestige zu erhöhen (vgl. Bühner, 1990, S. 295). Diese Gefahr besteht nach Jensen (1986) in besonderem Maße, wenn das Management über freie Cash-Flows verfügt. Zudem sieht Roll (1986) die Hybris des Managements als Grund für eine Überschätzung des wahren Wertes potentieller Übernahmekandidaten.

Die aus den beschriebenen Zielen einer Akquisition abgeleiteten Kritierien bilden dann die Basis für die Bewertung verschiedener möglicher Unternehmen hinsichtlich ihrer Eignung als Übernahmekandidaten. An die auf diese Weise eingegrenzte Gruppe von interessanten Zielunternehmen schließt sich die erste Kontaktaufnahme an, um die Verkaufsbereitschaft auszuloten sowie weitere

Informationen als Basis einer exakten Bewertung des Unternehmens zu gewinnen. Schwierigkeiten kann hierbei insbesondere die Identifizierung der entscheidungsbefugten Personen des Verkäufers bereiten, zumal wenn von Interessenkonflikten zwischen verschiedenen Gesellschaftergruppen auszugehen ist (vgl. Craven, 1995, Sp. 1450).

Von der Veräußerungsbereitschaft des Targets hängt nun der weitere Verlauf des Transaktionsprozesses ab. Im Fall mangelnder Verkaufsbereitschaft bleibt der an einer Übernahme interessierten Firma lediglich die Möglichkeit, aktiv eine feindliche Übernahme anzustreben. Um etwa ein übernahmeunwilliges Management zu umgehen, kann ein öffentliches Übernahmeangebot abgegeben werden ("Tender Offer", vgl. dazu ausführlich Williamson, 1988, S. 234 f.). Wenngleich dieses Instrument nicht ausschließlich bei feindlichen Übernahmen einsetzbar ist, so erlaubt es in diesen Fällen dennoch einen vergleichsweise zeitsparenden Übernahmeversuch ohne lange Verhandlungen mit dem Management. Das öffentliche Übernahmeangebot ist dadurch gekennzeichnet, daß der Käufer den Aktionären des Zielunternehmens anbietet, deren Aktien zu erwerben, um die Kontrolle über das Unternehmen zu erlangen. Um den Aktionären einen Anreiz zur Abgabe ihre Anteile zu bieten, wird i. d. R. der gebotene Kaufkurs höher als der jeweils aktuelle Marktpreis liegen müssen. Bei der Bestimmung des Angebotspreises unterliegt der Bieter im Fall einer feindlichen Übernahme höherer Unsicherheit, da ihm unternehmensinterne Daten nicht zugänglich sein dürften.

Bei solchen öffentlichen Übernahmeangeboten sind insbesondere in den USA und Großbritannien rechtliche Vorschriften zu beachten, die insbesondere auch auf den Schutz von Minderheitsaktionären gerichtet sind.

In Deutschland existieren zwar Richtlinien über Übernahmeangebote von börsennotierten Aktiengesellschaften, die unter anderem den Grundsatz der Gleichbehandlung festschreiben. Fehlende Sanktionsmechanismen reduzierten jedoch die praktische Bedeutung dieser Richtlinien, wobei allerdings mittelfristig eine rechtliche Kodifizierung der EG-Übernahme-Richtlinie in Deutschland zu erwarten ist (vgl. Craven, 1995, Sp. 1449).

Weitere Instrumente, die zur Durchführung einer feindlichen Übernahme eingesetzt werden können, sind (vgl. dazu ausführlich Reicheneder, 1992, S. 117 ff.):

- Proxy Fight als der Versuch, von den Aktionären die Vollmacht zu erhalten, für sie bei einer außerordentlichen Hauptversammlung für eine Auswechslung des Managements zu votieren.

- Saturday Night Special: Die Veröffentlichung des Übernahmeangebots zu einer Zeit, die die Reaktionsmöglichkeiten des Managements einschränkt.

- White Knight als Überbieten des bereits abgegebenen Übernahmegebotes eines anderen potentiellen Käufers.

- Bear Hug als Versuch, durch die Zusendung eines Übernahmeangebotes an den Verwaltungsrat des Übernahmekandidaten diesen aufgrund seiner fiduziarischen Verantwortung zur Annahme des Angebots im Interesse der Aktionäre zu bewegen.

- Creeping Tender: Hier werden vor einer aggressiven Übernahmekampagne bereits Aktienpakete am Kapitalmarkt erworben, was insbesondere in Zeiten unterbewerteter Aktienmärkte sinnvoll sein kann. Allerdings sind hierbei die ab bestimmten Beteiligungsgrenzen wirksam werdenden Offenlegungspflichten zu beachten.

- Greenmail: Auch hier bildet zunächst der Erwerb eines Aktienpaketes (i. d. R. zwischen 5 % und 25 % der Stimmrechte) den Ausgangspunkt. Dieses kann genutzt werden, um entweder etwa zusammen mit Vollmachtsstimmrechten eine Kontrollmehrheit zu erreichen, oder das Management zu einem – in Deutschland bislang kaum zulässigen – Rückkauf des Paketes zu überhöhten Preisen zu bewegen.

- Two-step-Tender: Diese Übernahmestrategie ist durch einen nur teilweisen Erwerb von Aktien gegen Barzahlung gekennzeichnet, die durch einen die Fusion zweier Unternehmen ermöglichenden Aktientausch ergänzt wird. Damit reduziert sich der zur Darstellung der Übernahme erforderliche Kapitalbedarf.

Gegenüber den gerade skizzierten Formen feindlicher Übernahmen ist bei Bereitschaft des Zielunternehmens zum Verkauf ein anderer Transaktionsverlauf festzustellen. Der wesentliche Unterschied besteht insbesondere darin, daß im Gegensatz zu feindlichen Übernahmen sich die Informationssituation des potentiellen Erwerbers zunehmend verbessert. Dies führt nicht zu einer

Bedeutungsverschiebung der Informationsquellen im Rahmen der Unternehmensbewertung, auf deren methodische Fundierung wir unter 2.2 ausführlich eingehen werden, sondern reduziert damit auch die Bewertungsunsicherheit.

Der mögliche Ablauf einer solchen Transaktion ist in Abbildung 2.2 dargestellt:

Woche	Aktivitäten
1	Kontaktaufnahme
3	Erhalt Unternehmensprofil
8	Abgabe des Letter of Intant
9	Beginn der Verhandlungen
12	Präsentation des Managements/Due Diligence
13	Erhalt Vertragsentwurf/offene Fragen
15	Abgabe des endgültigen Angebotes
17	Letzte Detailverhandlungen
18	Vertragsunterzeichnung
20	Closing

Quelle: Funk (1995), S. 497

Abbildung 2.2: Möglicher Ablauf eines Unternehmenserwerbs

Auf einige der in der Abbildung genannten spezifischen Konzepte sei kurz eingegangen (vgl. ausführlich Funk, 1995, S. 496 ff.).

(1) Unternehmensprofil

Das Unternehmensprofil, welches i. d. R. nicht vom zu erwerbenden Unternehmen, sondern den eingeschalteten Beratern bzw. Investment-Banken erstellt wird, soll die wesentlichen Merkmale des Targets beschreiben. Sein Inhalt geht i. d. R. über die aus externen Quellen erhältlichen Informationen hinaus. Die wesentlichen Informationsbereiche sind:

- rechtliche Verhältnisse/Historie des Unternehmens

- Organisationsstruktur/Management

- leistungswirtschaftliche Position des Unternehmens: Produkte, Produktionsverfahren, Patente, relevante Märkte, Vertriebswege, Kunden- und Lieferantenstruktur

- allgemeiner Teil: Beschaffung, offene Rechtsstreite, Mitarbeiter, Umwelt, Führungsfragen

- finanzwirtschaftliche Informationen (oft im Anhang): Bilanz- und G & V-Rechnungen, u. U. ergänzt um produkt- oder gebietsbezogene differenzierte Daten sowie Kostenaufstellungen

(2) Letter of Intent

Im Letter of Intent, welcher eine Absichtserklärung und kein verbindliches Kaufangebot darstellt, werden bei grundsätzlicher Einigung der Transaktionsparteien die zentralen Transaktionscharakteristika sowie das weitere Vorgehen schriftlich niedergelegt.

Folgende einzelne Punkte können Gegenstand des Letter of Intent sein:

- Nennung eines konditionierten Kaufpreises

- vertragliche Garantien zur Absicherung des Kaufpreises

- entscheidungsrelevante Vorgänge aus Sicht des Erwerbers (z. B. Durchführung eines Restrukturierungsprogrammes)

- Gestaltung und Dauer der Due Diligence

- Verschwiegenheitserklärungen

- Erklärung des Zielunternehmens zur Unterlassung von außergewöhnlichen Maßnahmen während der Verhandlungen sowie von Verhandlungen mit einer dritten Partei

(3) Präsentation des Managements

Neben dem Erhalt weiterer wertrelevanter Informationen für den potentiellen Erwerber (z. B. strategische Ausrichtung des Unternehmens) bietet die Präsentation des Managements die Möglichkeit, die Führungskräfte des Zielunternehmens kennenzulernen und ihre Persönlichkeit und Fähigkeiten einzuschätzen.

(4) Due Diligence

Die Due Diligence ("gebotene Sorgfalt") als aus dem angelsächsischen Raum kommende Usance zielt auf die Vermeidung nachträglicher Konflikte durch eine eingehende Prüfung des zu erwerbenden Unternehmens. Sie kann somit in gewissen Grenzen als Substitut für vertragliche Garantien aufgefaßt werden. Zentrales Ziel ist dabei, den konditionierten Kaufpreis auf seine Angemessenheit hin zu überprüfen und mögliche Risiken bzw. Differenzen zwischen den auf dem bisherigen Informationsstand basierenden Einschätzungen und den realen Gegebenheiten im Zielunternehmen aufzudecken.

(5) Vertrag

Für einen Kaufvertrag im Rahmen einer M&A-Transaktion sind folgende Elemente unverzichtbar (vgl. Reicheneder, 1992, S. 113 f.):

- Bezeichnung der Firma/Geschäft(e)

- ausdrückliche Erklärung zur Übernahme von Aktiva und Passiva sowie die Verpflichtung zur Übertragung der Inhaberrechte

- Datum der Übernahme

- Bedingungen für die Gültigkeit des Vertrages

- Folgen bei nicht vertragsgemäßer oder verzögerter Übergabe

- Zuordnung bekannter und latenter Risiken zu den Vertragsparteien

- Mängelhaftung, Gewährleistungen und Gewährleistungsfristen

- genaue Beschreibung von Aktiva und Passiva sowie von Patenten, Marken, Verfahren etc.

- Regelungen bezüglich des Firmennamens und sonstiger immaterieller Wirtschaftsgüter

- Beschreibung von Liegenschaften

- Kaufpreis, Berechnungsmethoden, Zahlungsmodalitäten

- Eintritt in bestehende Verträge

- Konkurrenzverbot für Verkäufer

- Garantien des Verkäufers

- Steuern, Kosten

- Vereinbarungen über Schiedsgerichtsverfahren

(6) Closing

Unter Closing, als dem weitgehenden Abschluß der Transaktion, versteht man den Übergang des Zielunternehmens auf den Erwerber.

Die vorangegangene Beschreibung der Phasen von Transaktionen im M&A-Geschäft dokumentiert die verschiedenen Aufgabenkomplexe, bei denen Investment-Banken in überwiegend beratender Funktion des Käufers oder des Verkäufers tätig werden. Darüber hinaus ergibt sich aus der Begleitung solcher Transaktionen auf der Käuferseite oft noch eine weitere Geschäftsmöglichkeit für die Investment-Banken, nämlich die Unterstützung des Erwerbers bei der Beschaffung der zur Zahlung des Kaufpreises notwendigen finanziellen Mittel (vgl. Fabozzi/Modigliani, 1992, S. 76).

2.1.2 Raid Defense

Unter Raid Defense versteht man die Abwehr feindlicher Übernahmen. Wenngleich diesem Problemkreis in praxi bislang in Deutschland weniger Bedeutung zukommt als etwa in den USA (vgl. Walther, 1993), so verlangt eine vollständige Behandlung des M&A-Geschäfts auch die Darstellung der diesbezüglichen Aufgabenstellungen von Investment-Banken. Diese übernehmen als Berater des einem feindlichen Übernahmeversuches ausgesetzten Unternehmens dessen Unterstützung bei der Auswahl geeigneter Strategien und Instrumente zur Abwehr einer unerwünschten Übernahme. Wir wollen im folgenden einige der zu diesem Zweck einsetzbaren Instrumente diskutieren. Diese können zunächst dabei klassifiziert werden, ob ihre Anwendung die Einwilligung der Aktionäre voraussetzt oder nicht (vgl. dazu Williamson, 1988,

S. 240 ff.). Damit wird insbesondere darauf abgehoben, inwieweit es dem Management möglich ist, im Extremfall auch gegen die Interessen der Aktionäre eine feindliche Übernahme abzuwehren.

Wir wollen im folgenden eine andere Klassifikation vorschlagen, die sich an dem Ausmaß der zeitlichen Koinzidenz von feindlichem Übernahmeangebot und Gegenmaßnahmen orientiert.

So gibt es eine Reihe von Maßnahmen, die quasi prophylaktisch eingesetzt im Fall eines feindlichen Übernahmeangebotes dessen Abwehr erleichtern. Allerdings sind diese Maßnahmen andererseits nicht kurzfristig anwendbar. Zudem sind mit ihnen auch über die Abwehr von Übernahmen hinausgehende Effekte verbunden. Zu dieser Gruppe von Maßnahmen gehören etwa:

(1)   Investor Relations

Investor Relations ist eine vertrauensbildende Maßnahme, die durch glaubwürdige, dauerhafte und umfassende Information der Aktionäre auf die Annäherung an den maximal möglichen Aktienkurs des Unternehmens abzielt (vgl. Link 1991 sowie 1.1). Damit wird nicht nur eine Verbesserung der Bedingungen einer Eigenkapitalaufnahme (Kapitalerhöhung) angestrebt, sondern auch einem durch eine Unterbewertung des Unternehmens motivierten Übernahmeangebot vorgebeugt.

(2)   Gestaltung der in den Aktien verbrieften Gesellschafterrechte

Hierunter ist einerseits die Ausgabe vinkulierter Namensaktien zu subsumieren, deren Übertragung von einem Investor auf den anderen an die Zustimmung des Unternehmens geknüpft ist. Dies erlaubt zwar im Vergleich zu Inhaberaktien eine stärkere Kontrolle des Aktionärskreises, kann jedoch auf ihrer eingeschränkten Fungibilität zu Abschlägen bei der Marktbewertung führen.

Analoges gilt auch für die Ausgabe von stimmrechtslosen Vorzugsaktien: Empirisch zeigt sich, daß stimmrechtslose Vorzugsaktien i. d. R. einen signifikant geringeren Marktwert als Stammaktien der gleichen Gesellschaft aufweisen. Dies wird mit dem für Unternehmensaufkäufer relevanten, hier jedoch fehlenden Stimmrecht begründet (vgl. Hartmann-Wendels/von Hinten, 1989). Weiterhin kann auch für einen begrenzten Kreis loyaler Aktionäre (z. B.

Familienmitglieder) die Ausgabe von Aktien mit Mehrfachstimmrecht erwogen werden.

Schließlich basiert auch die im angelsächsischen Raum mit dem Begriff "Poison Pill" belegte Abwehrstrategie auf der Ausgestaltung der von der Gesellschaft emittierten Wertpapiere. So können Vertragsklauseln vereinbart werden, die im Fall eines feindlichen Übernahmeangebotes in Kraft treten und die Übernahme erschweren. Beispielhaft sei auf die Ausgabe von Wandelschuldverschreibungen, deren Wandlungsrecht zum Zeitpunkt eines Übernahmeangebotes sofort fällig wird, hingewiesen (vgl. Reicheneder, 1992, S. 140).

(3) Gestaltung der Verträge des Aufsichtsrates/Mangements

Die Grundidee dieses Abwehrinstrumentes besteht darin, die Verträge für Board-Mitglieder so zu gestalten, daß entweder ein gleichzeitiges Ersetzen der Mitglieder nicht möglich ("Staggered Boards") oder aufgrund hoher Abfindungszahlung sehr teuer wird ("Golden Parachutes"). Damit soll die Übernahme der Kontrolle im Board durch den Erwerber erschwert werden.

(4) Steuerung des Aktionärskreises

Eine bewußte Steuerung des Aktionärskreises im Hinblick auf die Gewinnung von gegenüber der Gesellschaft loyalen und an einem langfristigen Engagement interessierten Anlegern kann einerseits durch auf diese spezielle Zielgruppe ausgerichtete Emissionen erfolgen (z. B. Belegschaftsaktien), womit sich eine Verbindung zu dem oben skizzierten zweiten Punkt ergibt, oder durch den Einsatz von Preisfindungs- und Plazierungsverfahren, die dem Emittenten eine Auswahl derjenigen Anleger ermöglicht, die obigen Anforderungen genügen. Dies ist z. B. beim Bookbuilding-Verfahren möglich (vgl. dazu 3.3.1.1).

Die zweite Gruppe möglicher Abwehrstrategien zeichnet sich durch eine vergleichsweise kurzfristige Einsetzbarkeit aus, so daß von einer annähernden Simultaneität von Übernahmeangebot und Gegenmaßnahme gesprochen werden kann. Zu dieser Gruppe zählen etwa folgende Maßnahmen (vgl. zu deren eingehender Erläuterung Reicheneder, 1992, S. 124 ff.):

- White Knight als Abwehrstrategie: Finden einer Drittpartei, die anstelle des feindlichen Bieters für eine Übernahme gewonnen werden kann.

- Klagen wegen Verletzungen des Wettbewerbs- und Kartellrechtes.

- Crown Jewels: Veräußerung einzelner Aktiva, an denen der Bieter in besonderem Maße interessiert ist, um somit die Attraktivität des verbleibenden Unternehmens für den potentiellen Käufer zu reduzieren.

- Liquidation und Teilliquidation mit anschließender Verteilung des generierten Cash-Flows an die Aktionäre.

- Erwerb eigener Aktien, in dem Maße, wie dies in unterschiedlichen Ländern rechtlich zulässig ist.

- Pac Man: Abgabe eines eigenen Übernahmeangebotes für das bietende Unternehmen.

- Greenmail als Abwehrstrategie.

2.2 Die Unternehmensbewertung als methodische Basis der Beratung im M&A-Geschäft

2.2.1 Anlässe der Unternehmensbewertung

Eine der zentralen Aufgaben der Investment-Banken im Rahmen ihrer Beratungstätigkeit bei M&A-Transaktionen besteht in der Durchführung einer Bewertung des zu kaufenden/verkaufenden Unternehmens. Eine solche finanzwirtschaftliche Ermittlung des Wertes des Transaktionsobjektes, die – wie im vorangegangenen Abschnitt erläutert – in verschiedenen Phasen des Transaktionsprozesses auf Informationsgrundlagen unterschiedlicher Güte und Detailliertheit basiert, führt unter Beachtung möglicher leistungswirtschaftlicher Synergien, rechtlicher und steuerlicher Aspekte sowie Merkmale der Transaktionsstruktur (z. B. Verhandlungsmacht der Parteien; Mehrheits- vs. Minderheitsbeteiligung) zur Abschätzung des Unternehmenspreises. Die Einbeziehung von Investment-Banken in den Prozeß der Unternehmensbewertung läßt sich zum einen mit Informationsvorsprüngen bei für die Bewertung relevanten Marktdaten (z. B. Branchenbeurteilung, Daten über die Struktur vergangener, vergleichbarer Transaktionen), aber auch mit spezieller Expertise beim Einsatz von Bewertungsmethoden begründen. Die verschiedenen Bewertungsmethoden, die zum Einsatz gelangen können, werden wir daher ausführlich in einem nachfolgenden Abschnitt (2.2.3) behandeln.

Zunächst sei jedoch ein Überblick über verschiedene Anlässe zur Unternehmensbewertung gegeben. Eine erste Gruppe von Transaktionen, bei denen Verfahren der Unternehmensbewertung eingesetzt werden, steht in unmittelbarem Zusammenhang mit dem M&A-Geschäft. Abbildung 2.3 zeigt mögliche Arten von entsprechenden Kauf-/Verkaufstransaktionen. Unterschieden wird dabei einerseits nach dem Objekt der Bewertung. Die Unterscheidung zwischen privaten i. S. von nicht-börsennotierten und börsennotierten Unternehmen zielt auf die Berücksichtigung unterschiedlicher Informationsgrundlagen der Unternehmensbewertung ab (Existenz einer Marktbewertung der Anteile).

Die differenzierte Betrachtung von Unternehmen unterschiedlichen Sitzlandes rechtfertigt sich nicht nur vor dem Hintergrund zwischen Ländern divergierender rechtlicher Rahmenbedingungen (z. B. hinsichtlich der rechtlichen Regelung öffentlicher Übernahmeangebote), sondern auch im Hinblick unterschiedlicher Rechnungslegungsvorschriften, die zu einer

Erhöhung der Komplexität der Aufgabe der Unternehmensbewertung führen können.

Objekt \ Umfang	ganzes Unternehmen	Mehrheits-beteiligung	Minderheits-beteiligung
private inländische Unternehmen			
börsennotierte inländische Unternehmen			
private ausländische Unternehmen			
börsennotierte ausländische Unternehmen			

Abbildung 2.3: Systematisierung von Transaktionsarten im M&A-Geschäft

Als zweites Differenzierungskriterium wird in obiger Abbildung der Umfang der Transaktion herangezogen: Der Kauf/Verkauf des gesamten Unternehmens, die Mehrheitsbeteiligung und schließlich die Minderheitsbeteiligung markieren das Spektrum der möglichen alternativen Transaktionssituationen. Diese Alternativen weisen bewertungsrelevante Unterschiede, etwa hinsichtlich der Kontrollmöglichkeiten der zukünftigen Eigentümer, der Problematik der Abfindung von Minderheitseigner und der Möglichkeit zur Implementierung von synergiefördernden Maßnahmen auf.

Als Spezialfall der Kauf-/Verkaufstransaktionen ist auf die insbesondere in den 80er Jahren in den USA festzustellenden Leveraged-Buy-Out hinzuweisen. Zentrales Charakteristikum dieses Transaktionstyps ist die weitgehende Darstellung des Kaufpreises durch die Emission von Fremdkapitaltiteln, deren Zins- und Tilgungsstrom aus den zukünftigen Gewinnen des erworbenen Unternehmen und/oder durch den Verkauf von Aktiva zu decken gesucht wird.

Entsprechende, auf anonymisierten Märkten begebene Finanztitel werden als "Junk Bonds" bezeichnet. In der starken Abhängigkeit ihrer Auszahlungsstruktur, welche auch durch einen im Vergleich zu Investment Grade Bonds wesentlich höherem, jedoch unsicherem versprochenen Effektivzins zum Ausdruck kommt, von der zukünftigen Entwicklung des Unternehmens dokumentiert sich die eigenkaptialnahe Komponente dieses Finanzierungsinstrumentes.

Neben den bisher skizzierten Anlässen der Unternehmensbewertung ist noch auf vier weitere hinzuweisen:

- **Börseneinführung**

    Die Bewertung von Unternehmen kann die Basis zur Festlegung des Emissionskurses bilden. Dieser Aspekt wird im Rahmen der Behandlung des Emissionsgeschäfts im Investment Banking wieder aufzugreifen sein (vgl. 3.3.1). Dies gilt gleichermaßen für die Bewertung gesamter Konzerne, die eine Börseneinführung ihrer Aktien anstreben, als auch für die sich in den letzten Jahren zunehmender Beliebtheit erfreuenden "Equity-Carve-Outs": Die mit diesem Begriff belegte Börseneinführung von Tochterunternehmen verlangt i. d. R. eine Neubewertung des nun – aus der Perspektive des Kapitalmarktes – aus dem Konzernverbund herausgelösten Investitionsobjektes (vgl. dazu ausführlich Nick, 1994).

- **Joint Ventures**

    Bei der Gründung von Gemeinschaftsunternehmen ist eine Unternehmensbewertung insbesondere zur Bestimmung des einzubringenden Eigenkapitals der einzelnen Beteiligten des Joint-Ventures bei einer bestimmten angestrebten Eigentümerstruktur notwendig. Zudem ergeben sich Bewertungsaufgaben für mögliche Wirtschaftsgüter (Sacheinlage), die anstelle einer Bareinlage von einzelnen Gesellschaften in das Gemeinschaftsunternehmen eingebracht werden.

- **Gegenseitige Beteiligung von Unternehmen**

    Z. B. durch die Durchführung eines Aktientausches.

- **Restrukturierungen**

  Restrukturierungen bieten immer dann ein Einsatzgebiet für die Unternehmensbewertung, wenn nicht nur finanzielle Maßnahmen (z. B. Änderung der Kapitalstruktur), sondern auch leistungswirtschaftliche Veränderungen durchgeführt werden. Diese bestehen insbesondere in einer Anpassung des Geschäftsportfolios an sich ändernde Umweltbedingungen und Ziele durch Käufe sowie Desinvestitionen. Neben einer Refokussierung des Unternehmens auf bestimmte Kerngeschäftsfelder kann auch die Verbesserung der Einschätzung des Unternehmens am Kapitalmarkt durch eine strukturiertere und transparentere Geschäftsfeldstrategie eine solche Restrukturierung motivieren (vgl. Williamson, 1988, S. 230).

2.2.2 Funktionen der Unternehmensbewertung

Von den Anlässen, bei denen eine Unternehmensbewertung notwendig ist, zu trennen ist die Frage nach den Funktionen, die dem Unternehmenswert als Resultante der Bewertung in diesen Situationen zukommt. Mit diesem Themenkomplex hat sich insbesondere die deutschsprachige Literatur auseinandergesetzt, wobei nicht zuletzt auch problematisiert wurde, inwieweit von einem objektiven i. S. eines intersubjektiv nachprüfbaren und universell gültigen Wertes eines Unternehmens ausgegangen werden kann.

An dieser Fragestellung setzt die **Theorie des entscheidungsorientierten Unternehmenswertes** an, die insbesondere von Moxter (1983) entwickelt wurde. Basis dieser Betrachtungsweise der Unternehmensbewertung ist die Vorstellung eines subjektiven Wertes von Wirtschaftsgütern. Dieser ist bestimmt durch den Grad der Brauchbarkeit eines Mittels für einen bestimmten Zweck. Insofern stellt nicht das Bewertungsobjekt als solches einen Wert dar, sondern die immanenten Handlungsmöglichkeiten, die dem Inhaber des Objektes zukommen. Das Subjektivitätsprinzip besagt demnach, daß der Unternehmenswert allein vom ökonomischen Nutzen, den der jeweilige Inhaber aus dem Unternehmen ziehen kann, bestimmt ist. Dieser Wert läßt sich dann widerspruchsfrei durch Betrachtung des Investitionskalküls des Investors ermitteln. Dieses Investitionskalkül wird letztlich durch zwei wesentliche Faktoren charakterisiert: zum einen durch das unternehmerische Entscheidungsfeld als Menge aller Handlungs- bzw. Entscheidungsmöglichkeiten des Entscheidungsträgers und zum anderen durch dessen Zielplan (individuelle Nutzenfunktion). Letzteres verlangt eine Transformation finanzieller sowie bisweilen nicht-finanzieller Zielvorstellungen in Nutzenwerte.

Der Unternehmenswert als Ergebnis dieses Investitionskalküls ergibt sich dann als Vergleich von nutzenäquivalenten Ergebnisströmen aus dem Unternehmen mit denjenigen aus der vom Bewertungssubjekt bestimmten besten Investitionsalternative. Diese Idee der Ermittlung des ökonomischen Wertes von Investitionen mittels der Betrachtung von Alternativinvestitionen findet sich auch bei den klassischen Methoden der Investitionsrechnung: Die Verwendung der Verzinsung der nächstbesten, ausgeschlossenen Investitionsmöglichkeit innerhalb oder außerhalb (Kapitalmarkt) des Unternehmens als Kalkulationszinsfuß im Kapitalwertmodell sowie der Vergleich der internen Verzinsung mit der Rendite von Alternativanlagen als Entscheidungskriterium der Methode des internen Zinsfuß dokumentieren dies.

Aus dem oben charakterisierten Unternehmenswert läßt sich ein Grenzpreis für das Bewertungsobjekt aus Sicht einer am Eigentum interessierten Partei ableiten. Dieser Grenzpreis, i. S. des Maximalpreises für den Käufer bzw. des Minimalpreises für den Verkäufer, reflektiert die Situation des Bewertungssubjektes, in der eine Bezahlung des Preises eine individuelle wirtschaftliche Schlechterstellung des Subjektes durch Eigentümerveränderung verhindert wird. Das Subjektivitätsprinzip in der Unternehmensbewertung resultiert nicht nur in unterschiedlichen Grenzpreisen für jedes Bewertungsobjekt, sondern kann auch zu interindividuell divergierenden Grenzpreisen für dasselbe Bewertungsobjekt führen.

Eine Erweiterung des Spektrums möglicher Interpretationen und Funktionen des Unternehmenswertes prägt die **Theorie der funktionalen Unternehmensbewertung**. Diese wird insbesondere von der sogenannten "Kölner Schule" (Sieben, Busse von Colbe, Coenenberg) entwickelt und vertreten.

Den Ausgangspunkt dieser Theorie bildet die Zusammenführung der entscheidungsorientierten Konzeption mit der Forderung eine spezifischen Berücksichtigung der alternativen Funktionen der Bewertung im Bewertungsprozeß (vgl. dazu und zum folgenden z. B. Sieben/Zapf, 1981). Hinsichtlich der Funktionen der Unternehmensbewertung wird zunächst zwischen Haupt- und Nebenfunktionen unterschieden. Unter letztere lassen sich insbesondere folgende Aufgaben der Bewertung subsumieren:

(1) Bilanzfunktion: Abbildung des Unternehmens (oder von Unternehmsanteilen) nach handelsrechtlichen Normen in der Bilanz.

(2) Steuerbemessungsfunktion: Anwendung fiskalischer Grundsätze auf die Handelsbilanz.

(3) Vertragsgestaltungsfunktion: Festlegung von Wertgrößen bei der Gestaltung von Gesellschaftsverträgen (z. B. Ausscheiden eines Gesellschafters).

Die Unterteilung der Hauptfunktionen der Bewertung orientiert sich an der Rolle des Bewerters im Bewertungsprozeß. Demnach wird unterschieden zwischen der Beratungsfunktion (Berater des Verkäufers oder des Käufers), der Vermittlungsfunktion (Vermittler zwischen den Parteien) und der Argumentationsfunktion (Argumentationshelfer). Die zentrale These der Kölner Schule besteht nun darin, daß bei jeder der skizzierten Funktionen spezifische Fragestellungen im Mittelpunkt der Betrachtung stehen, so daß der Versuch, alle Funktionen gleichermaßen in **einem** Wertansatz abzubilden, notwendigerweise scheitern muß: **Den** Wert einer Unternehmen gibt es nicht.

Die charakteristischen Bewertungsaufgaben und Fragestellungen der drei Hauptfunktionen seien nachfolgend kurz erläutert:

(1) Beratungsfunktion:

Die Beratungsfunktion ist dadurch gekennzeichnet, daß der Bewerter entweder als Berater des potentiellen Käufers oder als derjenige des potentiellen Verkäufers fungiert. Im Mittelpunkt hierbei steht dann naturgemäß das Ziel, die Interessen der vertretenen Partei in den Preisverhandlungen möglichst weitgehend durchzusetzen. Eine wesentliche Information für die Verhandlungsführung ist somit die Kenntnis der Konzessionsbereitschaft des Verhandlungspartners. Zu bestimmen sind somit **Grenzpreise**: der maximal zahlbare Preis für den Käufer bzw. der minimal akzeptable Preis für den Verkäufer des Unternehmens. Zum relevanten Bewertungsansatz wird demnach der oben skizzierte subjektive Zukunftserfolgswert mit seinen beiden Determinanten des Entscheidungsfeldes und des Zielplanes. Hinter dieser Grenzpreisbetrachtung steht die Überlegung, daß das Ergebnis der Preisverhandlung die Vorteilhaftigkeit bestimmter Aktionsalternativen festlegt:

Gelingt es nämlich dem Verkäufer, einen über seiner Preisuntergrenze liegenden Preis zu erzielen, so stellt er sich durch eine Alternativanlage der Transaktionssumme besser als bei Fortführung des Unternehmens. Aus Sicht des Käufers dominiert die Übernahme des Unternehmens die Aktionsalternativen "Alternativinvestition" bzw. "Verzicht auf Kreditaufnahme", wenn sich ein Kaufpreis unterhalb seiner Preisobergrenze vereinbaren läßt.

(2) Vermittlungsfunktion

Bei der Vermittlungsfunktion der Unternehmensbewertung steht der Interessenausgleich zwischen den Verhandlungsparteien im Mittelpunkt. Gefragt wird, welcher Preis den beiden Parteien gleichermaßen gerecht wird. Gesucht ist somit nicht ein Grenzpreis, sondern der **Arbitrium- oder Schiedsspruchwert**. Voraussetzung der Ermittlung dieses Preises durch Simulation einer freundschaftlichen Verhandlung und Erzielung eines fairen Interessenausgleiches ist die Einführung einer Konfliktlösungsregel oder eines Gerechtigkeitspostulats, welches – ökonomisch oft nicht begründbar – die Frage der Verteilung der Erträge eines Übergangs des Eigentumsrechtes am Unternehmen regelt.

Mit diesem Problemkreis haben sich naturgemäß die Gerichte auseinandergesetzt. Die Kenntnis der entsprechenden Urteile und Einschätzungen ist für die Praxis der Unternehmensbewertung vor allem im Hinblick auf die Sicherstellung einer gerichtlichen Unanfechtbarkeit von Transaktionsvereinbarungen und -bedingungen relevant.

Das Bundesverfassungsgericht kommt in seinem Urteil vom 7.8.1962 zu dem Schluß, daß der Abfindungsbetrag den wirtschaftlichen Nachteil des Abzufindenden voll ausgleichen muß. Dies schließe auch die vom Erwerber zu erzielenden Vorteile aus Konzernierung und Ausschöpfung von Synergiepotentialen ein. Diese Ansicht, die weitgehend auch von der Kölner Schule vertreten wird, jedoch von anderen Gerichten insbesondere hinsichtlich der Beteiligung an Kooperationsvorteilen abgelehnt wird, basiert auf folgender Begründung: Die Realisation der Transaktionsvorteile wird erst durch das Ausscheiden der Gesellschafter ermöglicht, so daß die Minderheit an dem gemeinsamen Gewinn partizipieren sollte.

Allerdings läßt sich diese Begründung zumindest hinsichtlich zweier Punkte in Frage stellen. Erstens sind die Kooperationsvorteile auch nicht ohne den **Käufer** realisierbar und zum anderen handelt es sich bei diesen Vorteilen zum Zeitpunkt der Preisbestimmung i. d. R. lediglich um Potentiale, deren Ausschöpfung maßgeblich von der Strategie und den operativen Maßnahmen des Erwerbers abhängt.

(3) Argumentationsfunktion

Die Argumentationsfunktion kommt insbesondere bei entscheidungsabhängigen, nicht-dominanten Verhandlungssituationen zum Tragen. Gesucht wird nach einem Unternehmenswert (und einem Verfahren zu dessen Ermittlung), der die Position der vertretenen Partei in der Verhandlung stärkt und zur Erreichung des Verhandlungszieles beiträgt. Zwar bleibt die Preisfindung im Hinblick auf die Realisierung des Verhandlungszieles am Entscheidungswert orientiert, wird jedoch häufig auf Basis des Verfahrens nach HFA 2/83 (vgl. dazu 2.2.3.2) ermittelt, um weniger subjektiv und parteibezogen zu wirken.

2.2.3 Methoden der Unternehmensbewertung

Nachfolgend werden nun – nach einer Systematisierung der verschiedenen Verfahren zur Unternehmensbewertung – diese jeweils dargestellt und einer kritischen Würdigung unterzogen.

2.2.3.1 Systematisierung der Verfahren

Die Unternehmensbewertung stellt zunächst ein Informationsproblem dar: Zu ermitteln sind bestimmte Wertdeterminanten, durch deren Verknüpfung eine Abschätzung des Unternehmenswertes erfolgen kann. Prinzipiell können solche Wertansätze zwei Informationsquellen entnommen werden: Einerseits stellt der **Kapitalmarkt** eine mögliche Informationsquelle dar. Neben der im Fall einer Börsennotierung des zu bewertenden Unternehmens heranziehbaren Marktbewertung können auch die Marktbewertung vergleichbarer börsennotierter Firmen sowie die Preise vergleichbarer, bereits abgeschlossener Transaktionen als Informationsbasis dienen.

Eine zweite Gruppe von Verfahren zur Unternehmensbewertung rekurriert nicht auf Kapitalmarktdaten, sondern ist durch eine **fundamentalanalytische Beurteilung des Bewertungsobjektes** charakterisiert.

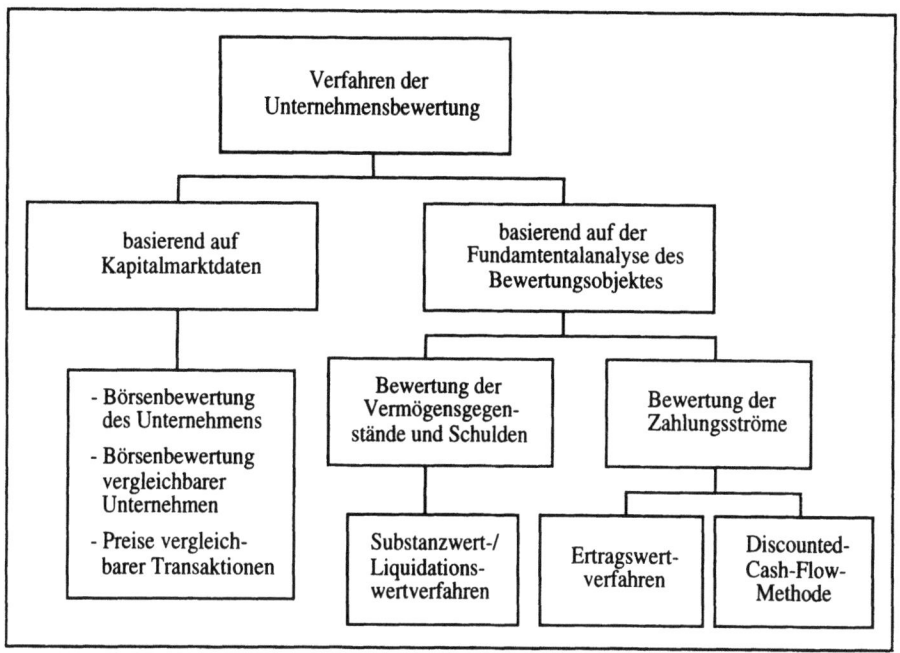

Abbildung 2.4: Systematisierung der Verfahren der Unternehmensbewertung

Diese Gruppe von Verfahren kann weiter unterteilt werden, wenn man unterschiedliche Bewertungsobjekte berücksichtigt. Während eine Bewertung der Bestände von Vermögensgegenständen und Schulden der Berechnung des Liquiditäts- oder des Substanzwertes zugrundeliegt, basieren die Ertragswertmethode und die Discounted-Cash-Flow-Methode auf den durch das Unternehmen zu erzielenden Zahlungsströmen. Für letztgenannte Art von Bewertungsverfahren wird bisweilen auch der Begriff der Gesamtbewertungsverfahren verwendet, während erstgenannte Verfahren als Einzelbewertungsverfahren bezeichnet werden; Mischverfahren als mögliche dritte Kategorie schließlich ermitteln den Unternehmenswert als Kombination aus Substanz- und Ertragswert (vgl. Ballwieser, 1995). Zu dieser Kategorie zählt etwa das für die steuerliche Einheitsbewertung maßgebliche Stuttgarter Verfahren, bei dem der Substanzwert zu zwei Dritteln und der Ertragswert zu einem Drittel in den zu bestimmenden Unternehmenswert eingehen.

Die in der obigen Abbildung gezeigten Verfahren werden nachfolgend eingehender diskutiert.

2.2.3.2 Marktorientierte Methoden der Unternehmensbewertung

Abbildung 2.5 zeigt als Ausschnitt von Abbildung 2.4 die wichtigsten Bezugsgrößen einer marktorientierten Unternehmensbewertung.

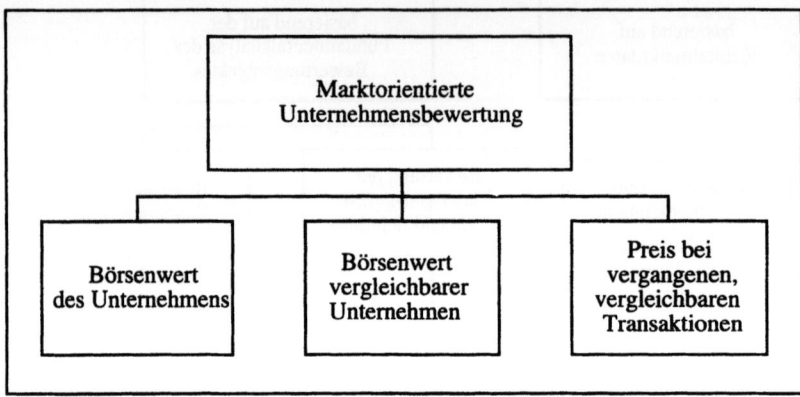

Abbildung 2.5: Bezugsgrößen einer marktorientierten Unternehmensbewertung

Eine zunächst einfach und einleuchtend erscheinende Methode zur Unternehmensbewertung ergibt sich im Fall einer Börsennotierung des Unternehmens. Der Wert des Unternehmens wird dabei **über dessen Marktwert** (MW) ermittelt. Für den Marktwert gilt allgemein, daß er sich als Summe der Marktwerte von Eigen (EK)- und Fremdkapital (FK) ergibt. Somit gilt:

$$MW = MW_{EK} + MW_{FK}$$

Eine vollständige Bewertung des Unternehmens anhand von Marktdaten setzt mithin voraus, daß nicht nur die Eigenkapitalanteile börsennotiert sind, sondern auch Marktbewertungen der auf anonymisierten Märkten begebenen Fremdkapitaltitel (z. B. Anleihe) verfügbar sind. Ist diese Bedingung nicht erfüllt, sondern beinhaltet der Fremdkapitalfonds der Unternehmung auch etwa i. d. R. nicht einer Marktbewertung unterzogene Bankkredite, so wird auf die Buchwerte des Fremdkapitals in der Bilanz als Schätzwert für dessen Marktwerte zurückgegriffen (vgl. zu deren Zusammenhang Bowman, 1980). Strenggenommen ist dies nur dann zulässig, wenn eine Bilanzierung des Fremdkapitals dergestalt erfolgt, daß als Wertansatz am Bilanzierungsstichtag der mit dem Bonitätsrisiko- und laufzeitadäquaten Zinssatz berechnete

Gegenwartswert der zukünftig zu leistenden Zins- und Tilgungszahlungen gewählt wird.

Die Berechnung der zweiten Komponente des Marktwertes der Unternehmung (Marktwert des Eigenkapitals) erfolgt durch Multiplikation der Anzahl der ausgegebenen Aktien (N_A) mit dem Aktienkurs (K_A):

$$MW_{EK} = N_A \cdot K_A$$

Im Fall mehrerer Aktiengattungen ist deren jeweilige Marktbewertung additiv zum Marktwert des gesamten Aktienkapitals zu verknüpfen. Somit ergibt sich bei Emission von Stamm- (SA) und Vorzugsaktien (VA):

$$MW_{EK} = N_{SA} \cdot K_{SA} + N_{VA} \cdot K_{VA}$$

Das skizzierte Verfahren der Bewertung von börsennotierten Unternehmen mit Hilfe von Kapitalmarktdaten hat zunächst den Vorteil einer recht einfachen Struktur, verbunden mit vergleichsweise geringen Informationserfordernissen. Zudem erlaubt die i. d. R. börsentäglich erfolgende Kursbildung die Ableitung aktueller Werte für das Aktienkapital (vgl. Gehrke, 1994, S. 39). Darüber hinaus stellt der Börsenwert einen realistischen, durch entsprechende Transaktionen und Mittelbindung unterlegten Konsens der Marktteilnehmer über den Wert des Unternehmens dar (vgl. Sharpe/Alexander, 1990). Dies gilt allerdings nur insoweit, als der Börsenkurs nicht durch marktbedingte Faktoren (z. B. geringe Liquidität des Titels) "verzerrrt" wird. Eine korrekte Widerspiegelung des Unternehmenswertes durch den Börsenkurs setzt darüber hinaus das Vorliegen von Informationseffizienz voraus. Dieses insbesondere in den Arbeiten von Fama (1970; 1991) entwickelte Konzept fragt danach, inwieweit welche Informationen in den Aktienkursen unmittelbar widergespiegelt werden. Je nachdem, ob lediglich alle historischen oder zusätzlich alle öffentlich verfügbaren oder auch Insider-Informationen sich unmittelbar in den Kursen niederschlagen, werden drei Formen der Informationseffizienz unterschieden (schwache, mittelstrenge, strenge Form). Für unsere Fragestellung relevant ist die aus diesem Konzept ableitbare empirische Problemstellung der Messung des Grades der Informationseffizienz vor dem Hintergrund der spezifischen Gegebenheiten eines bestimmten, realen Kapitalmarktes (vgl. Jacob/Förster, 1989). Die für den deutschen Aktienmarkt von Möller (1985) vorgenommene Synopse entsprechender empirischer Studien kann Zweifel bezüglich der Gültigkeit der mittelstrengen und strengen Form der Informationseffizienzhypothese nicht ausräumen. Insofern bleibt fraglich, inwieweit Marktwerte als adäquate Indikatoren für den Unternehmenswert herangezogen werden können.

Darüber hinaus ist auf weitere nicht unerhebliche Probleme und Mängel dieser Vorgehensweise hinzuweisen:

- Die im Vergleich zu den USA geringere Anzahl börsennotierter Unternehmen läßt in vielen Fällen diese Methode nicht anwendbar erscheinen.

- Kurzfristig können aufgrund des "Bekanntwerdens" einer möglichen Übernahme des Unternehmens Kursschwankungen auftreten, die zu einer vom fundamentalen Wert des Unternehmens abweichenden Marktbewertung führen (vgl. Reicheneder, 1992, S. 90 f.).

- Mögliche Paketzu- bzw. -abschläge durch den Erwerb größerer Aktienpakete bleiben unberücksichtigt.

- Wenngleich zumindest kurzfristig der aktuelle Börsenkurs die Preisuntergrenze der bisherigen Aktionäre darstellen dürfte und somit mindestens vom potentiellen Erwerber zu zahlen ist, vernachlässigt dieses Verfahren das Entscheidungskalkül des Kaufinteressenten; dessen Grenzpreis ist dem Verfahren nicht zu entnehmen. Vielmehr muß zusätzlich untersucht werden, inwieweit sich bei gegebener Börsenbewertung eine Übernahme aus investitionstheoretischer Sicht als vorteilhaft erweisen kann.

Insbesondere der erste der gerade vorgebrachten Einwände gegen den Rückgriff auf die Marktbewertung von Unternehmen, nämlich die mangelnde Verfügbarkeit entsprechender Kapitalmarktdaten bei nicht-börsennotierten Unternehmen, hat dazu geführt, nach anderen Marktindikatoren als Basis der Unternehmensbewertung zu suchen. Die zwei wesentlichen Indikatoren hierbei sind einerseits der **Börsenwert vergleichbarer Unternehmen** sowie andererseits die Preise bei **vergleichbaren Transaktionen**.

Zentral für diese Variante einer marktorientierten Unternehmensbewertung ist der Begriff der Vergleichbarkeit. Sicherzustellen ist, daß Bewertungsobjekt und Referenzobjekt bzw. -transaktion eine möglichst hohe Übereinstimmung bezüglich der für die Gewinn- und Risikosituation maßgeblichen folgenden Faktoren (vgl. dazu auch Schmidt 1986) haben:

- Geschäftsstruktur und Geschäftsrisiko (gemessen als Varianz der Gesamtkapitalrendite)

- Finanzierungsstruktur und Finanzierungsrisiko (gemessen als Varianz der Eigenkapitalrendite)

Die Vergleichbarkeit bezüglich des erstgenannten Punktes wird in praxi oft dadurch sicherzustellen gesucht, indem eine Branchengleichheit von Bewertungs- und Referenzobjekt gefordert wird. Dies dürfte jedoch insbesondere bei der Bewertung konglomerater Konzerne mit in verschiedenen Branchen tätigen Teileinheiten nicht unproblematisch sein.

Zudem wird, um Größenunterschiede (bisweilen auch Gewinn- und Risikodivergenzen) zwischen den Bewertungs- und den Referenzobjekten auszugleichen, auf die Ermittlung sogenannter Multiplikatoren zurückgegriffen. Gefragt wird dann, mit welchem Vielfachen des Jahresgewinns oder auch des Umsatzes der Kapitalmarkt Unternehmen bewertet. Eine bekannte Variante solcher mit Hilfe von Multiplikatoren durchgeführten Überschlagsrechnungen (vgl. zur Kritik ausführlich Ballwieser, 1991) rekurriert auf das sogenannte Kurs-Gewinn-Verhältnis (Price/Earnings-Ratio). Diese Kennzahl bringt zum Ausdruck, wieviele Perioden lang ein bestimmter Gewinn pro Aktie erzielt werden muß, damit der entsprechende Gesamtbetrag gerade dem Kurs der Aktie entspricht. Analog läßt sich auch die Anzahl der Perioden bestimmen, in denen mit dem Unternehmen ein bestimmter, in der Summe über alle Perioden dem Unternehmenswert bzw. -preis entsprechender Gewinn zu erzielen ist. Aus der Ermittlung dieser Kennzahl für vergleichbare börsennotierte Unternehmen oder abgeschlossene Transaktionen kann dann – bei gegebener Gewinnschätzung für das Bewertungsobjekt – ein Unternehmenswert berechnet werden (vgl. dazu auch Reicheneder, 1992 sowie Abschnitt 3.3.1).

Neben den bereits dargelegten Nachteilen der marktorientierten Unternehmensbewertung, die zumindest teilweise auch für die zuletzt skizzierte Methodik Gültigkeit besitzen, sind darüber hinaus folgende spezifische Schwachpunkte anzuführen:

- Die Verwendung von Multiplikatoren weist starke Ähnlichkeiten zum Amortisationsdauerverfahren der Investitionsrechnung auf: Bei beiden Ansätzen werden Investitionsprojekte mittels der Anzahl der Perioden bis zur Amortisation der Anfangsauszahlung bewertet. Bei der Unternehmensbewertung wird nun diese Kennzahl von Vergleichsobjekten als Basis der Ermittlung des als Anfangsauszahlung interpretierbaren Unternehmenspreises herangezogen. Damit treffen die Schwächen des Amortisationsverfahrens auch für eine auf diese Weise durchgeführte Unternehmensbewertung zu. Zu nennen sind hierbei insbesondere folgende Problemkreise (vgl. Jacob/Klein/Nick, 1994): Nicht-Berücksichtigung des Zahlungszeitpunktes und des Zeitwertes des Geldes; Vernachlässigung möglicher, die Vorteilhaftigkeit der Investition beeinflussender Zahlungen nach dem Zeitpunkt der Amortisation bzw. des Prognosezeitraumes; mangelnde Fundierung einer Entscheidungsregel. Diese Punkte zeigen, daß Multiplikatorenmodelle in der dargestellten Form kaum geeignet sind, für den Käufer Aussagen über die Vorteilhaftigkeit eines Unternehmenskaufes abzuleiten.

- Die Sicherstellung der Vergleichbarkeit verlangt letztlich eine Beurteilung des Bewertungs- und des Referenzobjektes hinsichtlich der zentralen Bereiche Geschäfts- und Finanzierungsstruktur. Insofern kommt es letztlich zu einer Duplizierung fundamentalanalytischer Bewertungsnotwendigkeiten. Denn nur, wenn davon auszugehen ist, daß sowohl eine möglichst hohe Ähnlichkeit zwischen beiden Analyseobjekten gegeben ist, und zudem angenommen werden kann, daß die Marktbewertung des Referenzobjektes nicht verzerrt ist, kann eine Übertragung dieser Marktbewertung auf andere Bewertungsobjekte in gewissen Grenzen gerechtfertigt sein. Die Unsicherheit bei der Feststellung der Vergleichbarkeit möglicher Referenzobjekte dürfte dabei noch am ehesten dann zu reduzieren sein, wenn bei börsennotierten Unternehmen umfangreiche Informationen bezüglich der Geschäftätigkeit öffentlich verfügbar gemacht werden oder bei vergangenen Transaktionen der Unternehmensbewerter etwa aufgrund der Beteiligung an diesen Transaktionen quasi über "Insider-Informationen" verfügt.

- Das skizzierte Verfahren läßt mögliche Unterschiede hinsichtlich der Transaktionsstruktur zwischen Bewertungsobjekt und Referenztransaktion außer acht (z. B. Zahl der Kaufinteressenten).

- Bei vergangenen, vergleichbaren Transaktionen als Referenzpunkte des Unternehmenswertes besteht oftmals das Problem, daß insbesondere bei privaten M&A-Transaktionen der ausgehandelte Preis aus Gründen der von den Transaktionspartnern gewünschten Vertraulichkeit keine öffentlich verfügbare Information darstellt.

2.2.3.3 Einzelbewertungsverfahren

Mit der Darstellung von Einzelbewertungsverfahren, die eine separate Bewertung der Vermögenswerte und Schulden kennzeichnet, wenden wir uns den fundamentalanalytischen Verfahren der Unternehmensbewertung zu.

Unter dem Begriff "Einzelbewertungsverfahren" werden dabei zwei Wertkategorien subsumiert, zum einen der Liquidationswert und zum anderen der Substanzwert des Unternehmens.

Die Ermittlung des Liquidationswertes umfaßt drei Komponenten:

(1) die Bewertung aller Vermögensgegenständen mit den Zerschlagungswerten

(2) die Bewertung aller Schulden mit den Ablösebeträgen

(3) die Berücksichtigung zerschlagungsspezifischer Schulden, z. B. Sozialplanlasten und Kosten der Liquidierung

Im Fall einer möglichen Liquidation ist der Liquidationswert dem Fortführungswert des Unternehmens gegenüberzustellen. Der Liquidationswert kann dann als Grenzpreis für eine Fortführung des Unternehmens interpretiert werden: Die Fortführung des Unternehmens erweist sich dann als ökonomisch vorteilhaft, wenn der dabei realisierte Unternehmenswert zumindest marginal über dem Liquidationswert liegt.

Die zweite Variante von Einzelbewertungsverfahren hat die Bestimmung des Substanzwertes der Unternehmung zum Gegenstand. Dieser Substanzwert kann zunächst i. S. eines Reproduktionswertes verstanden werden (vgl. dazu auch die obigen Ausführungen zu Tobins Q): Gefragt wird nach den Kosten der Rekonstruktion des Unternehmens in seiner spezifischen Struktur. Auch hierbei ergeben sich drei Bewertungskomponenten:

(1) die Bewertung des betriebsnotwendigen Vermögens mit den Wiederbeschaffungspreisen am Bewertungsstichtag

(2) der Ansatz nicht-betriebsnotwendiger Aktiva mit den zu erzielenden Veräußerungspreisen

(3)   die Berücksichtigung der Schulden als wertmindernde Komponente

Gelegentlich wird neben dem bilanzierten betriebsnotwendigen Vermögen auch eine Bewertung immaterieller Wertkomponenten als integraler Bestandteil der Substanzwertermittlung aufgefaßt (vgl. z. B. Funk, 1995, S. 494 f.). Die Bewertung solcher originären Goodwill-Komponenten (z. B. Standortvorteile, Mitarbeiter- und Managementqualität, Markenname, Qualität der Vertriebsorganisation, Effizienz der F & E-Aktivitäten) dürfte jedoch an zwei Grenzen stoßen: Zum einen besteht die Gefahr einer Vernachlässigung wesentlicher, jedoch nicht unmittelbar erkennbarer Goodwill-Komponenten (z. B. Bewertung der Reputation eines Anbieters am Markt). Zum anderen dürften in vielen Fällen keine Marktpreise für diese im unternehmensspezifischen Kontext generierten Wertbestandteile verfügbar sein, so daß die Frage nach deren Rekonstruktionskosten allenfalls durch eine Aufzinsung der in der Vergangenheit geleisteten Investitionsauszahlungen in diese "Aktiva" erfolgen könnte. Dies würde aber voraussetzen, daß ein auf diese Elemente ausgerichtetes Rechnungswesen die entsprechenden Daten bereithält. Letztlich führt jedoch auch diese Methode an der Natur des Goodwills vorbei, denn dessen Wert ergibt sich daraus, daß er die Realisierung von Zahlungs- bzw. Gewinnströmen ermöglicht, deren Gegenwartswert über den Substanzwert hinausgeht. Er drückt somit quasi eine Prämie für eine spezifische, wertsteigernde Nutzung und Kombination der betriebsnotwendigen Aktiva aus. Insofern kann eine Abschätzung des Goodwills erst bei Gegenüberstellung von Substanzwert und dem an zukünftigen Ergebnissen orientierten Gesamtwerten (vgl. 2.2.3.4.) erfolgen.

Eine etwas andere Interpretation des Substanzwertes bietet Sieben (1963). Er vergleicht die Alternativen "Kauf eines Unternehmens" und "Selbsterrichtung einer bestimmten Kapazität" im Hinblick auf ihre jeweiligen Ausgabenströme. Die Differenz der Barwerte der alternativen Ausgabenreihen wird dann als vorgeleistete Ausgabe bezeichnet.

Eine kritische Analyse der Vorgehensweise der Einzelbewertungsverfahren zeigen insbesondere drei Problemkreise:

(1)   Die Bestimmung von Wiederbeschaffungspreisen bzw. Liquidationserlösen für bestimmte Aktiva kann ein gravierendes Informationsproblem darstellen, insbesondere dann, wenn es sich um höchst

unternehmensspezifische Aktiva handelt. Dies kann dann zwar bedeuten, daß den einzelnen Aktiva nur ein geringer marktadäquater Wert zukommt, würde aber zu einer Fehleinschätzung deren ökonomischen Wertes führen, da ihre werterhöhende Wirkung im spezifischen Unternehmensverbund vernachlässigt wird. Dies leitet über zum zweiten Problemkreis.

(2) Einzelbewertungsverfahren abstrahieren von den Effekten einer spezifischen Kombination von Vermögensgegenständen zur Erstellung von Marktleistungen und Generierung entsprechender Zahlungs- oder Gewinnströme. Gerade dies zeichnet jedoch unternehmerisches Handeln aus. Werden die Beziehungen zwischen den Assets der Unternehmung ausgeblendet, so bleibt unklar, weshalb diese überhaupt in einem Unternehmen zusammengefaßt wurden und nicht einzeln über den Markt gehandelt werden. Dies führt zum dritten Problemkreis.

(3) Eine Substanzwertermittlung kann nach den unter (2) geäußerten Einwänden also lediglich dann sinnvoll sein, wenn der bisherige Eigentümer keine über den Wiederbeschaffungswert bzw. Liquidationswert einzelner Vermögensgegenstände hinausgehenden ökonomischen Renten am Markt erzielen kann. In diesem Fall kann der Substanzwert dessen Grenzpreis markieren. Für den potentiellen Erwerber hingegen bleibt die Investition in das Unternehmen im Hinblick auf ihre Vorteilhaftigkeit zu untersuchen.

Eine weitere Einsatzmöglichkeit der Substanzwertmethode zeigte sich bei der Renaissance dieser Vorgehensweise im Zusammenhang mit der Bewertung von Unternehmen in den neuen Bundesländern (vgl. z. B. Funk, 1995): Eine mangelnde Verfügbarkeit von den die Zahlungs- bzw. Gewinnströme bestimmenden Produktions- und Absatzdaten und -planungen (vgl. dazu auch Klein, 1993) führte zum Rückgriff auf die Einzelbewertungsverfahren.

2.2.3.4 Gesamtbewertungsverfahren

Der Ermittlung des Unternehmenswertes als Summe der Werte der einzelnen Vermögensgegenstände unter Abzug der Schulden bei den Einzelbewertungsverfahren steht bei Gesamtbewertungsverfahren bewußt das Unternehmen in seiner Gesamtheit gegenüber: Gefragt wird nach den Gewinn- bzw. Einzahlungsströmen, die sich mit der Gesamtheit der Assets des Unternehmens erzielen lassen. Deren Bewertung erfolgt mit Hilfe investitionstheoretischer Modelle, insbesondere des Kapitalwertmodells. Dessen Grundstruktur wird zunächst kurz skizziert, bevor auf zwei Varianten der Gesamtbewertungsverfahren eingegangen wird, nämlich zum einen die Ertragswertmethode und zum anderen die Discounted-Cash-Flow-Methode.

2.2.3.4.1 Das Kapitalwertmodell

Das Kapitalwertmodell ist in seiner Grundstruktur ein dynamisches Verfahren zur Berechnung der Vorteilhaftigkeit von Investitionen bei sicheren Erwartungen. Es zielt auf die Ableitung des ökonomischen Wertes einer Investition zu Beginn des Investitionszeitraumes ab (vgl. dazu und zum folgenden Jacob/Klein/Nick, 1994, S. 52 ff.):

Der Kapitalwert einer Investition ist dabei wie folgt definiert:

Der **Kapitalwert** ist der Bar- beziehungsweise Gegenwartswert aller Zahlungen, die mit einer Investition verbunden sind, zum Zeitpunkt t_0 dem Beginn des Investitionszeitraumes (das heißt unmittelbar vor der Anfangsauszahlung).

Gemäß dieser Definition läßt sich der Kapitalwert mittels folgender Formel berechnen:

$$C_0 = \sum_{t=0}^{n} (E_t - A_t) \cdot (1 + i)^{-t}$$

Dabei bedeuten:
C_0 = Kapitalwert
E_t = Einzahlung
A_t = Auszahlung
i = Kalkulationszinsfuß
t = Periode/Zeitpunkt
n = Anzahl der Perioden

Zu beachten ist, daß der Kapitalwertmethode folgende vier Prämissen zugrundeliegen:

(1) Zahlungsströme lassen sich abschätzen.

(2) Zahlungsströme lassen sich zurechnen.

Durch diese ersten beiden Annahmen wird sichergestellt, daß eine Investition vollständig durch die zugehörige Zahlungsreihe erfaßt werden kann, ohne daß es Abgrenzungsprobleme zu anderen Investitionen gibt, wobei die einzelnen Zahlungen aufgrund von sicheren Erwartungen zu ermitteln sind.

(3) Die Wiederanlage der Einzahlungsüberschüsse zum Kalkulationszinssatz muß möglich sein (Wiederanlageprämisse).

Die Prämisse verlangt, daß die in der jeweiligen Periode erzielten Einzahlungsüberschüsse sofort zum Kalkulationszinssatz für den Rest des Investitionsraumes angelegt werden können.

(4) Vollkommener Kapitalmarkt

Im Grundmodell der Kapitalwertmethode wird von einem vollkommenen Kapitalmarkt ausgegangen, wobei insbesondere gilt, daß Investoren unbegrenzt finanzielle Mittel zum identischen Zinssatz aufnehmen und anlegen können.

Hat man nun mit Hilfe der obigen Formel den Kapitalwert berechnet, so stellt sich die Frage, wie das Ergebnis zu interpretieren ist (vgl. auch Schmidt, 1986, S. 67 ff.).

Zunächst kann der Kapitalwert als die **Vermögensveränderung** in t_0, die sich aufgrund der Vornahme der Investition für den Investor ergibt, interpretiert werden. Ein positiver Kapitalwert bedeutet dann einen Vermögenszuwachs für den Investor in t_0: Er gibt denjenigen Betrag an, der dem Investor zusätzlich zur Verfügung steht, wenn er die Investition mit Hilfe einer Kreditfinanzierung durchführt und mit den Einzahlungsüberschüssen Tilgung und Verzinsung des Kredites bedient. Ein negativer Kapitalwert wäre dann analog als Vermögensminderung und ein Kapitalwert von 0 als vermögensneutral zu interpretieren.

Eine zweite Deutung des Kapitalwertes hebt nicht auf die Situation des einzelnen Investors ab, sondern vielmehr auf den **Wert der Investition** selbst: Der Kapitalwert ist der Wert des Investitionsprojektes in t_0. Geht man von rational handelnden Wirtschaftssubjekten aus, so gibt dieser Wert des

Investitionsprojektes gleichzeitig den maximalen Preis (Grenzpreis) an, den jemand für die Durchführung der Investition zu zahlen bereit wäre; denn würde ein Wirtschaftssubjekt einen höheren Preis für die Investition bezahlen als deren Kapitalwert, so würde sich ein Netto-Vermögensverlust ergeben. Falls der Kapitalwert einer Investition negativ ist, müßte man einem Investor sogar mindestens den Kapitalwert bezahlen, damit er die Investition durchführt.

Der wesentliche Vorteil des Kapitalwertmodells besteht darin, daß dieses Verfahren alle Anforderungen an eine Methode der Investitionsrechnung erfüllt:

(1) Dadurch, daß alle mit dem Investitionsobjekt verbundenen Zahlungsströme berücksichtigt werden, ist das Kriterium der Einheit der Zahlungsströme erfüllt.

(2) Entscheidungsregeln für den Investor sind – theoretisch fundiert – aus den oben genannten Interpretationen des Kapitalwertes ableitbar.

(3) Durch die Diskontierung der jeweiligen Zahlungen zu den unterschiedlichen Zahlungszeitpunkten wird der Zeitwert des Geldes berücksichtigt.

2.2.3.4.2 Das Ertragswertverfahren

Die Ertragswertmethode, die insbesondere in Deutschland in praxi breite Verwendung findet, ermittelt den Unternehmenswert durch die Diskontierung der an die Eigenkapitalgeber ausschüttbaren Ergebnisse (Nettoentnahmen, E_t) mit dem Kapitalisierungszinssatz i. Damit ergibt sich zunächst folgende Formel für den Unternehmens- bzw. Ertragswert (EW):

$$EW = \sum_{t=1}^{T} \frac{E_t}{(1 + i)^t}$$

Dabei ist zu beachten, daß i. d. R. nur die Nettoentnahmen aus dem betriebsnotwendigen Vermögen in diese Bestimmungsgleichung einfließen, während das nicht-betriebsnotwendige Vermögen herausgelöst und mit dem Wert der bestmöglichen Verwendung (i. d. R. Liquidationswert) zum Ertragswert hinzuaddiert wird (vgl. IDW, 1992).

Obige Gleichung verdeutlicht die Parallelen im methodischen Aufbau von Ertragswertverfahren und Kapitalwertmethode. Die Spezifika der Ertragswertmethode werden dann bei detaillierterer Betrachtung der beiden wesentlichen Determinanten deutlich:

(1) Nettoentnahmen

Die Nettoentnahmen aus dem Unternehmen ergeben sich als Überschüsse der Einnahmen über die Ausgaben pro Planungsperiode. Es wird mithin von dem Prinzip der Vollausschüttung ausgegangen.

Probleme bei der praktischen Durchführbarkeit (vgl. IDW, 1992, S. 42 ff.) einer Einnahmeüberschußrechnung haben dazu geführt, eine Ertrags-Aufwands-Betrachtung zugrunde zu legen, die durch verschiedene Modifikationen der Einnahmen-Ausgaben-Betrachtung angenähert werden soll: "Größere Abweichungen der Erfolgsrechnung von den Zahlungsströmen sollen weitgehend ausgeglichen werden, indem zumindest der Finanzierungsbedarf für Investitionen einerseits und Rückstellungspositionen andererseits in einer Finanzbedarfsrechnung berücksichtigt werden." (Jonas, 1995, S. 86). Dabei wird von einer vollständigen Fremdfinanzierung auftretender Finanzierungsbedarfe ausgegangen. Darüber hinaus werden bei der Analyse der vergangenheitsbezogenen Erfolgsrechnungen Korrekturen in folgenden Bereichen vorgenommen:

- Bewertungen, die aus handelsrechtlich bedingten Abweichungen vom Entstehungsprinzip der Erfolge resultieren (z. B. periodengerechte Ergebnisrechnung bei Vorräten; Eliminierung der Auswirkungen des Imparitätsprinzips).

- Bewertungen, die durch Ausübung von Bilanzierungswahlrechten entstehen (z. B. Rücklagen- und Reservenauflösung).

- Abweichungen durch die Aktivierung langfristiger Investitionen.

- Eliminierung von Aufwendungen und Erträgen nicht-betriebsnotwendiger Vermögensgegenstände.

Ziel dieser Korrekturen ist die Betonung der vorhandenen Ertragskraft des Unternehmens am Bewertungsstichtag, deren Analyse ergänzt um eine Prognose der zukünftigen Unternehmensentwicklung (Plan-, Gewinn- und Verlustrechnungen; Zukunftserfolgsanalysen; Finanzbedarfsrechnung) ergänzt wird.

Eine zweite Modifikation des Grundmodells resultiert aus der mit zunehmendem Planungshorizont wachsenden Unsicherheit der Prognose der Entnahmegrößen pro Planungsperiode. Daher werden zumindest zwei Phasen unterschieden. Eine erste Phase, für die eine detaillierte Planung der Entnahmen pro Periode erfolgt, und eine zweite Phase, für die – aus diesen Planungen abgeleitet – eine konstante, d. h. periodenidentische Entnahmegröße unendlich lange angenommen wird. Der Kapitalwert (C_0) dieser zweiten Phase läßt sich mit Hilfe der Kapitalwertformel für eine ewige Rente berechnen. Es gilt dann (vgl. Jacob/Klein/Nick, 1994):

$$C_0 = \frac{E}{i}$$

Zur Bestimmung des gesamten Ertragswertes ist dann dieser Wert – ebenso wie die detailliert geplanten Entnahmen der ersten Periode (t bis T) – auf den Bewertungszeitpunkt abzuzinsen. Mithin ergibt sich folgende Formel für den Ertragswert (vgl. z. B. Schmidt, 1995, S. 1089):

$$EW = \sum_{t=1}^{T} \frac{E_t}{(1+i)^t} + \frac{\bar{E}}{i(1+i)^T}$$

Nach HFA 2/1983 werden hingegen nicht nur zwei, sondern drei Phasen betrachtet (vgl. IDW, 1992): In der ersten Phase werden Einzelansätze für die Entnahmegröße pro Periode ermittelt. Daraus abgeleitete Trends bilden die Basis der Bestimmung der separaten Barwerte der Entnahmen für jede Periode der zweiten Phase. Für die dritte Phase schließlich wird das aus den letzten Planungsjahren deduzierte nachhaltig ausschüttbare Ergebnis als ewige Rente angesetzt. Somit gilt für den Ertragswert (vgl. Jonas, 1995, S. 91):

$$EW = \sum_{t=1}^{m} \frac{E_t}{(1+i)^t} + \sum_{t=m+1}^{m+n} \frac{E_t}{(1+i)^t} + \frac{\bar{E}}{i(1+i)^{m+n}}$$

Dabei bedeutet:

E_t = Entnahmegröße (nachhaltiges Ergebnis)
m = Endzeitpunkt (Dauer) der ersten Planungsphase
n = Endzeitpunkt (Dauer) der zweiten Planungsphase

(2) **Kalkulationszinsfuß**

Als zweite wesentliche Determinante ist auf den zur Diskontierung der zukünftigen Entnahmen herangezogenen Zinssatz einzugehen. Dessen Bestimmung stellt insbesondere dann ein nicht-triviales Problem dar, wenn die Prämissen des vollkommenen Kapitalmarktes verletzt sind und somit sich kein einheitlicher Zinssatz für unbegrenzte Anlage- und Verschuldungsmöglichkeiten bei sicheren Erwartungen am Markt bildet.

Zur Lösung dieses Problems greift die Ertragswertmethode auf Opportunitätskostenüberlegungen zurück und fragt nach der Verzinsung alternativer Investitionsmöglichkeiten. Stark vereinfachend wird dabei angenommen, daß nur Finanzinvestitionen als Anlagealternativen zur Verfügung stehen. Als Basiszins wird die Effektivverzinsung (interner Zinsfuß) von festverzinslichen Kapitalmarkttiteln mit geringstmöglichem Bonitätsrisiko gewählt (z. B. Bundeswertpapiere): "Die Suche nach einem anderen, für den Investor relevanten alternativen Investitionsobjekt kann nur durch Rückgriff auf eine Investitionsalternative zum Erfolg führen, deren interne Rendite die Beurteilung der Erwartungen und Risikoeinstellungen Dritter unnötig werden läßt und damit als Marktdatum sicher ist" (Schmidt, 1995, S. 1096).

Dieser Basiszins ist dann in einem zweiten Schritt durch Zu- und Abschläge an die spezifischen, bewertungsrelevanten Charakteristika des Investitionsobjektes "Unternehmen" anzupassen, um die Gleichwertigkeit des Bewertungsobjektes und des im Kalkulationszinsfuß widergespiegelten Refernzobjektes sicherzustellen. Diese Sicherstellung der Gleichwertigkeit von Bewertungs- und Referenzobjekt verlangt die Beachtung folgender Äquivalenzprinzipien (vgl. Sieben, 1993):

• *Risikoäquivalenz*

Die Vergleichbarkeit des Chancen-Risiko-Profils von Bewertungs- und Referenzobjekt kann auf zwei Alternativen, bei korrekter Vorgehensweise zum gleichen Ergebnis führenden Wegen sichergestellt werden, nämlich zum einen durch Abzinsung des Sicherheitsäquivalentes der zukünftigen Entnahmemöglichkeiten anstelle deren Erwartungswertes und zum zweiten durch die Wahl einer adäquaten Risikoprämie als Zuschlag auf den quasi-sicheren Basiszins. Die zweitgenannte Alternative wird in praxi präferiert.

- *Kaufkraftäquivalenz*

Die Vergleichsrendite der quasi-sicheren Alternativanlage reflektiert einen nominalen Mittelzufluß. Unterstellt man eine bestimmte Geldentwertungsrate g und geht von der Möglichkeit einer vollständigen Überwälzung der Geldentwertung durch das Unternehmen aus, so resultiert daraus allein ein Anstieg der nominalen Nettoentnahmen im Zeitablauf.

Im Fall eines konstanten sicheren Realwertes der Nettoentnahmen zum Zeitpunkt 0 (E_0) ergibt sich bei unendlichem Planungshorizont:

$$EW = \frac{E_0 (1 + g)}{i - g} = \frac{E_1}{i - g}$$

Dabei bezeichnet E_1 die nominalen Nettoentnahmen zum Zeitpunkt 1. Der Kalkulationszinssatz wird dabei um die Geldentwertungsrate gemindert, wodurch der inflationsbedingte Anstieg der Nettoentnahmen bei vollständiger Überwälzung der Preisniveausteigerungen widergespiegelt wird.

- *Verfügbarkeitsäquivalenz*

Dieses Prinzip fordert die Gleichwertigkeit von Investitions- und Referenzobjekt im Hinblick auf die steuerliche Belastung der Nettoentnahmen. Dies kann durch die Betrachtung der Ergebnisse nach Steuern sichergestellt werden.

- *Planungshorizontäquivalenz*

Dieses Kriterium stellt auf die Identität von unterstellter Lebensdauer des Unternehmens und Fristigkeit der Referenzanlage in Finanztitel ab.

- *Arbeitseinsatzäquivalenz*

  Werden die Entnahmen aus dem Unternehmen mit eigenem Arbeitseinsatz erwirtschaftet, so muß zur Sicherstellung der Vergleichbarkeit mit Finanzinvestitionen ein kalkulatorischer Unternehmerlohn Berücksichtigung finden.

Das dargestellte Ertragswertverfahren weist einige Vorteile auf, ist jedoch auch mit Problemen verbunden. Beide Aspekte sollen kurz skizziert werden. Die wesentlichen Vorteile dieser Methode der Unternehmensbewertung sind:

- Die grundsätzliche Orientierung am Kapitalwertmodell der Investitionsrechnung führt zur Verwendung eines theoretisch fundierten und praktisch erprobten Investitionskalküls. Dies bedeutet allerdings nicht, daß die konkrete Ausgestaltung der vom Kapitalwertmodell vorgegebenen Strukturen im Ertragswertverfahren problemfrei ist. Darauf wird im Zusammenhang mit den Nachteilen dieser Methode zurückzukommen sein.

- Das Ertragswertmodell stellt auf die zukünftigen Entnahmemöglichkeiten ab. Dieser für Unternehmensbewertungen zu fordernde Zukunftsbezug wird jedoch durch die Orientierung am und die Extrapolation des nachhaltigen Ergebnisses eingeschränkt.

- Die Heranziehung einer Ertrags-Aufwands-Rechnung als Näherungsgröße für die Zahlungsströme hat den Vorteil, daß ein Rückgriff auf beim Unternehmen vorhandene Vergangenheitsdaten, aber auch Planungsrechnungen möglich wird. Fraglich bleibt allerdings, ob sich durch die Eliminierung rechnungslegungsbedingter Abweichungen zwischen den Größen "Aufwand/Ertrag" und "Auszahlung/Einzahlung" nicht insgesamt ein höherer Aufwand ergibt als bei dem Versuch einer unmittelbaren Cash-Flow-Prognose.

- Die korrekte Anwendung des Ertragswertverfahrens nach HFA 2/1983 führt gemäß der Rechtsprechung zu einer rechtlich nicht angreifbaren Unternehmensbewertung in Deutschland.

Diesen Vorteilen stehen jedoch einige zentrale Nachteile und Probleme des Ertragswertverfahrens gegenüber.

- Die Abschätzung der Zahlungsströme über eine Modifikation von Aufwands- und Ertragsbetrachtungen birgt die Gefahr einer mangelnden Identifikation und unvollständigen Berücksichtigung von Abweichungskomponenten zwischen beiden Größen.

- Die Bestimmung des Kalkulationszinsfußes als um Zu- und Abschläge modifizierter Basiszins, der die Effektivverzinsung einer quasi-sicheren alternativen Finanzinvestition reflektiert, ist aus methodischer Sicht problembehaftet. Dieser Einwand wiegt vor dem Hintergrund des erheblichen Einflusses selbst vergleichsweise geringer Änderungen des Kalkulationszinsfußes auf das Ergebnis der Bewertung besonders schwer (vgl. Sieben, 1993). Zwei wesentliche Kritikpunkte an der Art der Ermittlung des Kalkulationszinses sind zu nennen:

   Zum einen vernachlässigt die Beschränkung des Opportunitätskostenkalküls auf Finanzinvestitionen die gerade für Unternehmen maßgeblichen alternativen Realinvestitionsmöglichkeiten innerhalb und außerhalb des Unternehmens. Zum anderen bereitet die Transformation der speziellen bewertungsrelevanten Eigenschaften des Bewertungsobjektes in Zinssatz-Größen insbesondere dann erhebliche Probleme, wenn objektive Maßstäbe für eine solche Umrechnung (z. B. einheitlicher Marktpreis pro Risikoeinheit) fehlen.

- Die implizite Annahme einer ausschließlichen Fremdfinanzierung des künftigen Finanzbedarfes dürfte i. d. R. nicht den realen Gegebenheiten entsprechen (vgl. Jonas, 1995). Unter der Annahme eines unter dem Eigenkapitalkostensatzes liegenden Fremdkapitalzinses dürfte die somit unterstellte Ausdehnung der Verschuldung der Unternehmung im Ertragswertmodell zu einer gewissen Überschätzung des Unternehmenswertes führen.

- Die an der nachhaltigen Ertragskraft des Unternehmens in den Vorjahren orientierte Bestimmung der konstanten, unendlich angenommenen Entnahmen nach der Phase der detaillierten Ergebnisplanung birgt die Gefahr einer Nicht-Berücksichtigung der für unternehmerische Betätigung typischen und für die Bewertung von Unternehmen relevanten Möglichkeiten von ergebnisbeeinflussenden Strukturbrüchen, aber auch besonderen unternehmerischen Erfolgen (z. B. Innovationen), die nur unzureichend in das Konzept der ewigen Rente zu integrieren sind.

Damit einher geht eine nur eingeschränkte Eignung der Ertragswertmethode zur Beurteilung solcher Akquisitionen, mittels derer eine Änderung des Unternehmensprofils oder der sonstigen strategischen Ausrichtung des Unternehmens angestrebt wird (vgl. Sieben, 1993). Hier zeigt sich der Tradeoff zwischen einer methodischen Komplexitätsreduktion einerseits und einer Reduzierung der Flexibilität und Informationsvielfalt einer Methode andererseits.

2.2.3.5 Die Discounted-Cash-Flow-Methode (DCF-Methode)

2.2.3.5.1 Darstellung

Neben dem Rückgriff auf das Referenzmodell "Kapitalwertberechnung" weisen Ertragswert- und Discounted-Cash-Flow-Methode noch weitere Gemeinsamkeiten auf. Zum einen nimmt auch die DCF-Methode eine Trennung zwischen betriebsnotwendigem und nicht-betriebsnotwendigem Vermögen vor. Darüber hinaus wird bei der Berechnung der aus den betriebsnotwendigen Vermögensgegenständen erzielbaren Cash-Flows ebenfalls zwischen zwei Phasen unterschieden. Während in der ersten Phase eine detaillierte Cash-Flow-Prognose pro Planungsperiode erfolgt, wird für die zweite Phase auf den Liquidationswert oder den Fortführungswert des Unternehmens zurückgegriffen.

Trotz dieser Parallelitäten liegen der DCF-Methode einige spezifische, von denjenigen der Ertragswertmethode divergierende Annahmen zugrunde. Diese Unterschiede sind nicht zuletzt Ausfluß abweichender institutioneller Gegebenheiten der Rechtskreise und Kapitalmärkte, die die regionale Provenienz des jeweiligen Verfahrens markieren: Die aus dem angelsächsischen Raum stammende DCF-Methode hat in Deutschland nicht zuletzt durch die beiden Publikationen von Rappaport (1986) und Copeland et al. (1990) verstärkt an Interesse gewonnen und ist zum Gegenstand z. T. kontroverser Diskussionen hinsichtlich ihrer Anwendbarkeit in Deutschland geworden (vgl. dazu auch weiter unten).

Die aktuelle Diskussion darf allerdings nicht den Blick dafür verstellen, daß die DCF-Methode im Kern auf einigen, insbesondere aus der neoklassischen Finanzierungstheorie (vgl. dazu 1.3) bereits hinlänglich bekannten Konzepten basiert und diese auf die Bewertung von Unternehmen anwendet. Von zentraler Bedeutung sind hierbei folgende Aussagen und Konzepte der neoklassischen Finanzierungstheorie:

(a) Unternehmen sind als Kombination multipler Investitionsobjekte gekennzeichnet. Ausgangspunkt der Analyse sind allerdings die Anleger, die Unternehmen als Investitionsobjekte betrachten, diese anhand der Kriterien Risiko und Rendite beurteilen und eine Optimierung ihres Portfolios entsprechend ihrer Zielsetzung und ihrer Risikoeinstellung durch Kombination verschiedener Investitionen (Diversifikation) anstreben.

(b) Die vom Unternehmen emittierten, von den Investoren zu erwerbenden Finanztitel stellen dann Instrumente zur Transformation des exogenen Risikos des Investitionsprogrammes dar.

(c) Interessenkonflikte zwischen verschiedenen Investoren, z. B. hinsichtlich der zeitlichen Verteilung von Zahlungsströmen (Konsumpräferenz), werden durch die Verfolgung der Zielsetzung "Marktwertmaximierung" gelöst. Vollkommene Kapitalmärkte, gekennzeichnet durch die Absenz von Transaktions- und Informationskosten, die steuerliche Gleichbehandlung von Fremd- und Eigenkapital sowie das Fehlen von Kapitalmarktzugangsbeschränkungen, erlauben dann jedem Investor, durch Kauf und Verkauf von Wertpapieren kostenlos genau diejenige finanzielle Position darzustellen, die seinen Präferenzen entspricht.

(d) Die dem exogenen Risiko unterliegenden Einzahlungsüberschüsse der Unternehmen können durch Abzinsung mit einer risikoadjustierten Diskontierungsrate in ihren gegenwärtigen Wert bestimmt werden. Modelle zur Bestimmung des Gleichgewichtspreises von Finanztiteln (insbesondere das CAPM; vgl. dazu weiter unten) bilden die Basis zur Ableitung entsprechender Zinssätze.

Auf der Grundlage dieser Ergebnisse der neoklassischen Finanzierungstheorie wird ein Bewertungsmodell für Unternehmen entwickelt, dessen Grundzüge in nachfolgender Abbildung dargestellt sind:

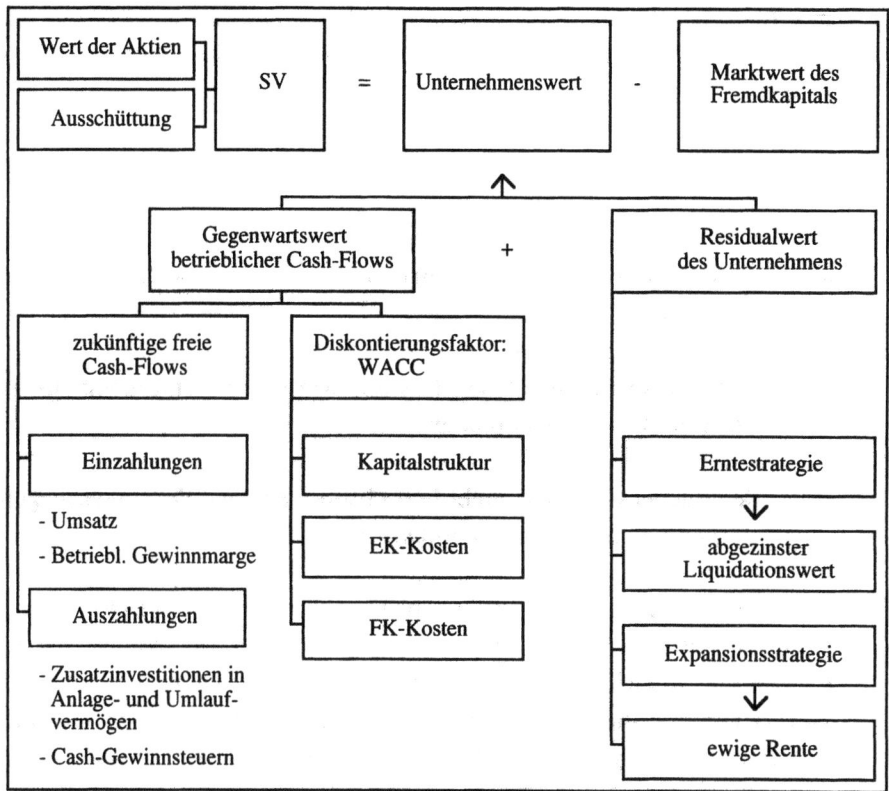

Abbildung 2.6: Grundstruktur der DCF-Methode

Auf folgende Spezifika der DCF-Methode – auch im Vergleich zur Ertragswertmethode – ist hinzuweisen (vgl. dazu ausführlich Copeland et al., 1990):

(1) Während die Ertragswertmethode auf die Nettoentnahmen der Eigenkapitalgeber abhebt, liegt der DCF-Methode i. d. R. der Entity-Approach zugrunde: Der sich in Dividendenzahlungen und/oder in den Aktienkursen niederschlagende Wert des Unternehmens für die Eigenkapitalgeber (Shareholder Value) wird über die Bestimmung des gesamten Unternehmenswertes abgeleitet. Dabei gilt:

$$MW_{EK} = UW - MW_{FK}$$

Der Wert des Eigenkapitals (MW$_{EK}$) ergibt sich mithin als Differenz aus dem gesamten Unternehmenswert (UW) und dem Marktwert des Eigenkapitals.

(2) Der Unternehmenswert zum Bewertungszeitpunkt setzt sich nun seinerseits aus drei Komponenten zusammen:

    a) dem Gegenwartswert der betrieblichen Cash-Flows im Prognosezeitraum

    (b) dem Gegenwartswert des Residualwertes des Unternehmens am Ende des Prognosezeitraumes

    (c) dem Gegenwartswert nicht-betriebsnotwendiger Vermögensgegenstände (nicht in obiger Abbildung)

(3) Der **Gegenwartswert der betrieblichen Cash-Flows** im Prognosezeitraum basiert auf einer Schätzung der sogenannten Freien Cash-Flows des Unternehmens. Dies sind diejenigen vom Unternehmen zu erzielenden Einzahlungsüberschüsse vor Fremdkapitalzinsen, die nicht zur Finanzierung von Zusatzinvestitionen in das Anlage- und Umlaufvermögen für die Realisierung eines bestimmten Unternehmens- bzw. Umsatzwachstums benötigt werden.

Der Ermittlung des Free-Cash-Flow liegt i. d. R. folgendes Schema zugrunde (vgl. Peemöller et al., 1994, S. 744):

	Operatives Ergebnis vor Zinsen und Steuern
./.	Ertragsteuern (fiktive)
+	Abschreibungen
+/./.	Dotierung/Auflösung von Rückstellungen
=	Brutto-Cash-Flow
./.	Investitionen in das Anlagevermögen
./.	Erhöhung des Netto-Umlaufvermögens
=	Netto-Cash-Flow oder Free-Cash-Flow

Um die Vergleichbarkeit der zu unterschiedlichen Zeitpunkten anfallenden Free-Cash-Flows sicherzustellen, wird auf eine Diskontierungsrate zurückgegriffen, der zunächst weniger Opportunitätskosten, dem Finanzierungskostenüberlegungen zugrundeliegen: Betrachtet werden nicht Alternativinvestitionen für das Unternehmen und deren Renditen, sondern die expliziten Kapitalkosten (k) des Unternehmens. Diese ergeben sich als mit den jeweiligen Anteilen am Gesamtkapital (EK/GK bzw. FK/GK) gewichteten Kosten des Eigen- (r) und des Fremdkapitals (i):

$$k = r \cdot \frac{EK}{GK} + i \cdot \frac{FK}{GK}$$

mit GK = EK + FK

Die Bestimmung von k setzt also die Ermittlung dreier Größen voraus: der Kapitalstruktur, des Eigen- und des Fremdkapitalkostensatzes des Unternehmens. Erschwert wird diese Aufgabe noch durch die Tatsache, daß alle drei Faktoren eigentlich zu prognostizieren sind, da ein adäquater Kalkulationszins zur Diskontierung der **zukünftigen** Cash-Flows abzuleiten ist.

Um entsprechende Prognoseprobleme zu umgehen, wird in praxi auf die zum Bewertungszeitpunkt aktuellen Ausprägungen der Variablen abgehoben. Während dann die Kapitalstruktur als Relation der Marktwerte von Eigen- und Fremdkapital und der Fremdkapitalkostensatz als durchschnittliche Effektivverzinsung des vorhandenen Fremdkapitals relativ einfach zu bestimmen sind, gestaltet sich die Ermittlung der Eigenkapitalkosten konzeptionell schwieriger. Grund hierfür ist, daß Eigenkapital – im Gegensatz zu Fremdkapital – nicht mit festen Zahlungsverpflichtungen verbunden ist. Selbst Dividenden können – das Verständnis des Unternehmens als Instrument der Anleger zur Erreichung ihrer finanziellen Ziele zugrundegelegt – nicht als Kosten aufgefaßt werden. Daraus folgt, daß Eigenkapitalkosten keine pagatorischen Kosten darstellen, sondern vielmehr entscheidungsorientiert zu ermitteln sind (vgl. Jacob/Klein/Nick, 1994, S. 204). Zu fragen ist somit, welche Rendite ein Investor fordert, damit er – eine bestimmte Risikoneigung unterstellt – überhaupt bereit ist, dem Unternehmen Eigenkapital zur Verfügung zu stellen.

Maßgeblich werden also Opportunitätskostenüberlegungen der aktuellen oder potentiellen Eigenkapitalgeber. Um diese Frage zu beantworten, wird im Rahmen der DCF-Methode auf das von Sharpe (1964), Lintner (1965) und Mossin (1966) entwickelte Capital Asset Pricing Model (CAPM) zurückgegriffen.

Dieses Modell fragt nach der Bewertung unsicherer Vermögensgüter im Kapitalmarktgleichgewicht. Grundlage dieser positiven Theorie der Preisbildung am Kapitalmarkt ist die normativ ausgerichtete Portfoliotheorie, die Regeln für ein optimales Anlegerverhalten bei gegebener Risikoeinstellung der Investoren und unterstellten finanziellen Zielen der Anleger ableitet (vgl. dazu Rudolph, 1979 sowie Schmidt, 1986). Eines der zentralen Ergebnisse portfoliotheoretischer Überlegungen dokumentiert sich im Seperationstheorem: Bei vollkommenem Kapitalmarkt kann die Entscheidung über die Zusammensetzung des Portfolios risikobehafteter Aktiva von derjenigen über die Risikostruktur des Gesamtportfolios getrennt werden. Alle Investoren halten demnach in qualitativer Hinsicht das gleiche Portfolio risikotragender Finanztitel (Aktien) und unterscheiden sich durch die quantitative Gewichtung dieses Portfolios und der risikolosen Anlage- und Verschuldungsmöglichkeit in ihrem Gesamtportfolio. Somit wird die individuelle Risikoeinstellung des einzelnen Anlegers nicht durch die Zusammensetzung des Portfolios risikobehafteter Aktiva berücksichtigt, sondern spiegelt sich ausschließlich in dem Anteil dieses Portfolios an den gesamten Vermögensportfolios des Investors wider.

Das CAPM sucht dann die Frage zu beantworten, wie der Kapitalmarkt im Gleichgewicht unsichere Vermögensgüter bewertet, wenn sich die Investoren entsprechend dieser normativen Aussagen der Portfoliotheorie verhalten. Die grundlegende Idee zur Entwicklung eines entsprechenden Preisbildungsmodells besteht nun darin, daß bei homogenen Erwartungen der Anleger bezüglich der Rendite und des Risikos (Varianz der Rendite) einzelner unsicherer Finanztitel das von ihnen gehaltene Portfolio in seiner Zusammensetzung dem Gesamtangebot auf dem Markt entspricht (Markträumung).

Dem CAPM liegen darüber hinaus weitere spezifische Prämissen zugrunde, die die Anwendungsmöglichkeit des Modells begrenzen, ein Umstand, der bei dessen praktischen Nutzung oft nicht in ausreichendem

Maße berücksichtigt wird und somit zu nicht unbeträchtlichen Ungenauigkeiten bei der Schätzung der Eigenkapitalkosten führen kann.

Im einzelnen handelt es sich um folgende Annahmen (vgl. Sharpe/Alexander, 1990):

1. Vollkommener Kapitalmarkt bei Unsicherheit

2. Beliebige Teilbarkeit der Finanztitel

3. Investoren verhalten sich entsprechend der Aussagen der Portfoliotheorie und sind risikoavers.

4. Ein-Perioden-Betrachtung

5. Homogene Erwartungen der Anleger

6. Zahl der am Markt existierenden risikobehafteten Wertpapiere ist fest vorgegeben.

7. Nicht-Existenz bzw. Abstraktion von vom Staat verursachten Friktionen (z. B. Steuern, Regulierungen)

8. Jeder Investor kann unbegrenzt zum risikolosen Zins Geld aufnehmen oder anlegen.

Mit Hilfe dieser Annahmen kann dann eine Bewertungsgleichung für Wertpapiere abgeleitet werden. Die Beweisführung verläuft in der für neoklassische Modelle typischen Weise über die Konstruktion eines hypothetischen Ungleichgewichtes, dessen Entstehung zwar nicht näher problematisiert wird, welches jedoch die Basis zur Deduktion der Bedingungen des Marktgleichgewichtes bildet: Ausgegangen wird von einem Portfolio mit einem Anteil a eines beliebigen Wertpapieres aus dem Marktportfolio. Dies repräsentiert eine Ungleichgewichtssituation, da das Marktportfolio bereits alle unsicheren Finanztitel enthält und die optimale Zusammensetzung der Wertpapiere darstellt; somit muß – bei rationalem Verhalten der Anleger – der Anteil a des einzelnen Finanztitels aus dem Portfolio Null sein: Im Marktgleichgewicht kann es keine Überschußnachfrage nach einem Wertpapier geben. Diese Überlegungen führen in mathematischer Ableitung zu folgender Bestimmungsgleichung für die erwartete Rendite eines Wertpapieres i (r_i):

$$r_i = r_r + (r_M - r_r) \cdot \frac{cov_{iM}}{v_M^2}$$

Dabei bedeutet:

r_r	= risikoloser Zinssatz
r_M	= erwartete Rendite des Marktportfolios
cov_{iM}	= Kovarianz zwischen der Rendite des Wertpapieres i und der Rendite des Marktportfolios
v_M^2	= Varianz der Rendite des Marktportfolios

Der Term $\frac{cov_{iM}}{v_M^2}$ wird auch als β-Faktor bezeichnet, der als Indikator für die im Zusammenhang mit Schwankungen der Marktrendite stehenden Schwankungen der Rendite des einzelnen Wertpapieres dient, oder anders ausgedrückt ein Maß für den Beitrag des Risikos des einzelnen Wertpapieres zum Risiko des Portfolios darstellt.

Zur Ermittlung des β-Faktors des zu bewertenden Unternehmens können in praxi prinzipiell drei Wege beschritten werden (vgl. Peemöller et al., 1994):

a) Rückgriff auf das publizierte Beta (Veröffentlichungen, Datenbanken) des zu bewertenden Unternehmens, falls vorhanden

b) Wahl von β-Faktoren vergleichbarer börsennotierter in- oder ausländischer Unternehmen, falls erstgenannte Alternative nicht zu Verfügung steht

c) Verwendung von branchenbezogenen β-Faktoren, falls diejenigen vergleichbarer Unternehmen nicht verfügbar sind

Das gerade skizzierte CAPM enthält folgende Aussagen zu den Eigenkapitalkosten von Unternehmen: Die von den Eigenkapitalgebern geforderte Rendite setzt sich zusammen aus dem Preis für eine risikolose

Kapitalüberlassung zuzüglich eines finanztitel- bzw. unternehmensspezifischen Risikoaufschlages. Diese Risikoprämie ergibt sich ihrerseits durch Multiplikation des einheitlichen Preises pro Risikoeinheit am Kapitalmarkt ($r_M - r_r$) und der finanztitelspezifischen Riskomenge (β_i). Diese Risikomenge hängt nicht von der Varianz der Rendite des einzelnen Wertpapieres ab, sondern von dessen Beitrag zum Risiko des Marktportfolios. Insofern gilt, daß mit zunehmender Vollkommenheit der Kapitalmärkte unsystematische, unternehmensspezifische Risiken nicht mehr abgegolten werden, sondern lediglich das systematische Marktrisiko (vgl. Jacob/Förster, 1989). Grund hierfür ist die Annahme, daß sich die Investoren kostenlos das Marktportfolio zusammenstellen können, wodurch unsystematische Risiken durch Portfoliobildung vollständig "wegdiversifiziert" werden. Es besteht mithin kein Grund, den Investoren die Übernahme unsystematischer Risiken in Form einer erhöhten Risikoprämie abzugelten.

Alternativ zur Verwendung des CAPM wird bisweilen auch auf das Modell abdiskontierter Dividendenzahlungen zur Bestimmung der Eigenkapitalkosten zurückgegriffen. Grundlage dieses Modells ist die Überlegung, daß der gegenwärtige Wert einer Aktie dem Gegenwartswert aller zukünftig auf diese Aktie entfallenden Dividendenzahlungen entspricht. Der zur Abzinsung der zukünftigen Dividendenströme heranzuziehende Abzinsungsfaktor gibt dann einen Hinweis auf die Eigenkapitalkosten. Die Anwendung dieses Modells setzt allerdings nicht nur die Kenntnis des aktuellen Aktienkurses, sondern insbesondere aller zukünftig anfallenden Dividendenzahlungen und deren Zeitpunkte voraus. Zudem ist unter der Going-concern-Prämisse ein unendlicher Betrachtungshorizont zugrunde zu legen, um alle den Eigenkapitalgebern zufließenden Zahlungen, also auch solche, die sich aus der unternehmensinternen Reinvestition zuvor thesaurierter Gewinne, ergeben, zu erfassen.

Faßt man die obigen Überlegungen zusammen, so ergibt sich folgende Formel für die gewichteten Kapitalkosten:

$$k = \left[r_r + (r_M - r_r) \cdot \beta\right] \cdot \frac{EK}{GK} + i \cdot \frac{FK}{GK}$$

Berücksichtigt man zudem die steuerliche Abzugsfähigkeit der Fremdkapitalzinsen von der steuerlichen Bemessungsgrundlage und bezeichnet mit s den relevanten Steuersatz, so wird obige Formel zu:

$$k = \left[r_r + (r_M - r_r) \cdot \beta\right] \cdot \frac{EK}{GK} + i(1-s) \cdot \frac{FK}{GK}$$

Für den Gegenwartswert der freien, betrieblichen Cash-Flows erhält man mithin folgende Formel (C_{0FCF}):

$$C_{0FCF} = \sum_{t=1}^{T} \frac{FCF_t}{\left[1 + r_r + (r_M - r_r) \cdot \beta\right] \cdot \frac{EK}{GK} + i(1-s) \cdot \frac{FK}{GK}}$$

(4) Auch zur Ermittlung des **Gegenwartswertes von nach dem Planungszeitraum erzielbaren Cash-Flows** gibt die DCF-Methode gewisse Vorgaben. Zunächst wird – einer primär an den finanziellen Interessen der Eigenkapitalgeber orientierten Sichtweise folgend – davon ausgegangen, daß der **Residualwert** des Unternehmens sich aus dem ökonomischen Kalkül eines Vergleiches des Liquidationswertes einerseits und des Fortführungswertes andererseits ergibt: Übersteigt der um die Kosten der Liquidation geminderte Liquidationswert den Fortführungswert, so ist erstgenannter Wert anzusetzen, im entgegengesetzten Fall ist der Fortführungswert maßgeblich. Für die Berechnung dieses Fortführungswertes werden i. d. R. folgende Annahmen getroffen (vgl. z. B. Jonas, 1995, S. 91):

- Als nachhaltig ausschüttbares Ergebnis (FCF_{T+1}) wird der normalisierte freie Cash-Flow des (der) letzten Planungsjahres(e) angesetzt.

- Der Fortführungswert bestimmt sich nach der Formel für eine ewige, konstante Rente.

- Ein mögliches nominales Wachstum wird durch die Minderung des Kapitalkostensatzes um eine Wachstumsrate (g) berücksichtigt.

Unter diesen Annahmen ergibt sich der Fortführungswert (FFW) am Ende des Planungshorizontes als:

$$FFW_T = \frac{FCF_{T+1}}{k - g}$$

Bezieht man diesen Wert auf den Bewertungszeitpunkt, so ist er T Perioden abzuzinsen:

$$FFW_0 = \frac{FCF_{T+1}}{(k - g) \cdot (1 + k)^T}$$

Fügt man nun alle Elemente des Unternehmenswertes zusammen, so erhält man:

$$UW = \sum_{t=1}^{T} \frac{FCF_t}{(1 + k)^t} + \frac{FCF_{T+1}}{(k - g) \cdot (1 + k)^T} + W_{NBV}$$

Dabei bezeichnet W_{NBV} den Wert nicht-betriebsnotwendiger Vermögensgegenstände zum Bewertungszeitpunkt.

2.2.3.5.2 Kritische Würdigung der DCF-Methode

Aktuelle, nicht zuletzt durch die Internationalisierung der Kapitalmärkte sowie den Markteintritt angelsächsisch geprägter Institutionen (z. B. Investment-Banken, Rating-Agenturen, M&A-Berater) in den deutschen Markt ausgelöste Diskussionen um Möglichkeiten und Grenzen einer verstärkten Anwendung der DCF-Methode und des dahinter stehenden Paradigmas der Shareholder-Value-Orientierung auch in Deutschland lassen eine etwas eingehendere Analyse der Vor- und Nachteile des im vorangegangenen Abschnitt dargelegten Bewertungsmodells angeraten erscheinen.

Im Rahmen einer solchen kritischen Würdigung ist zunächst hervorzuheben, daß die DCF-Methode durch einen starken Bezug zu Modellen und Ergebnissen der modernen Finanzierungstheorie gekennzeichnet ist: Verwendung des Kapitalwertmodells als grundsätzlicher Bezugsrahmen, Fokussierung auf tatsächliche fließende Zahlungsströme, der Versuch einer Objektivierung des Kalkulationszinssatzes durch den Rückgriff auf Kapitalmarktdaten (vgl. Jonas, 1995) sowie die Berücksichtigung des Entscheidungskalküls zwischen Liquidation und Fortführung des Unternehmens nach dem Prognosezeitraum sind die wesentlichen Facetten dieser Theoriefundierung.

Darüber hinaus stellt die DCF-Methode durch die Prognose der zukünftigen freien Cash-Flows den notwendigen Zukunftsbezug einer Unternehmensbewertung sicher und umgeht damit mögliche Fehler bei der indirekten Ermittlung von Zahlungsströmen aus Bilanzdaten. Durch das Abstellen auf die freien Cash-Flows wird zudem berücksichtigt, daß unternehmenswachstumsbedingte Investitionen ins Anlagevermögen sowie Erhöhungen des Umlaufvermögens den ausschüttbaren Cash-Flow mindern. Allerdings steht dahinter die Annahme einer vollständigen Finanzierung dieser Investitionen aus einbehaltenen Einzahlungsüberschüssen. Diese unterstellte reine Eigenfinanzierung dürfte ebensowenig den realen Gegebenheiten voll gerecht werden wie die im Ertragswertmodell angenommene reine Fremdfinanzierung. Weiterhin versucht die DCF-Methode ein vollständiges Bewertungskonzept vorzugeben, welches eine – auch ein mögliches Wachstum des Unternehmens nach dem Planungshorizont berücksichtigende – Berechnungsgrundlage für den Fortführungswert einschließt (vgl. Jonas, 1995).

Schließlich kann als Vorteil des DCF-Konzeptes gewertet werden, daß es sich i. d. S. als fruchtbar erwiesen hat, daß es Ausgangspunkt weitergehender theoretischer Arbeiten und praktischer Überlegungen ist. Hinzuweisen ist in diesem Zusammenhang insbesondere auf Implikationen der DCF-Methode für das wertorientierte Management von Unternehmen. So werden im Shareholder-Value-Netzwerk von Rappaport (1986) die einzelnen Elemente des unternehmerischen Wertmanagements (Werttreiber) aus den Bestimmungsfaktoren des Unternehmenswertes entsprechend der DCF-Methode abgeleitet. Eine ähnliche Systematik wertsteigernder Maßnahmen legt auch Bühner (1990) vor. Nachfolgende Abbildung gibt die zentralen Komponenten des Ansatzes wieder.

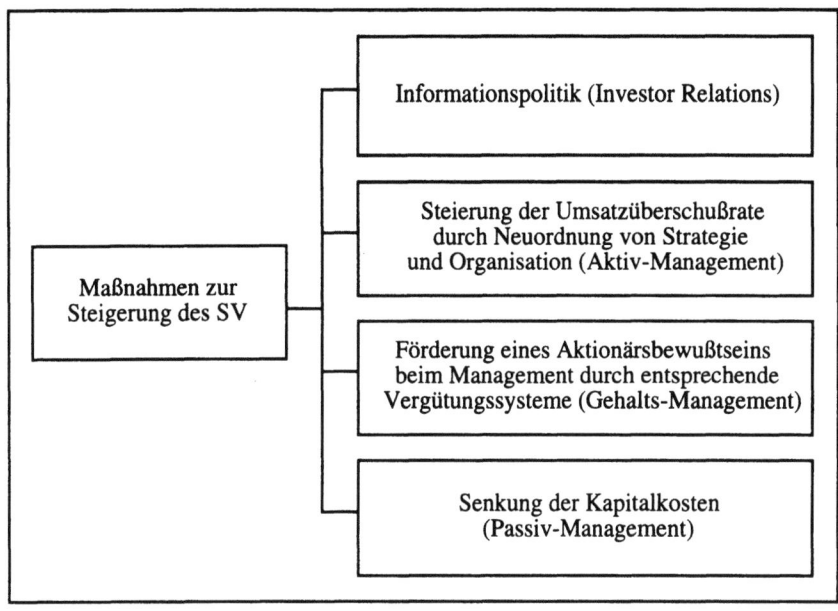

Quelle: Bühner (1990), S. 67

Abbildung 2.7: Grundelemente des Shareholder-Value-Ansatzes

Die in der Abbildung gezeigten Maßnahmenkategorien des Shareholder-Value-Management sind für Investment-Banken von Bedeutung, da sie nicht nur als Instrumente zur Marktwertmaximierung des Unternehmens und somit auch als Mittel zur Abwehr feindlicher Übernahmen betrachtet werden können, sondern auch Basis entsprechender, wertorientierter, von Investment-Banken entwickelter Beratungskonzepte – auch ohne konkreten Bezug zu M&A-Transaktionen – sein können.

Aus theoretischer Perspektive geht die Erweiterung der DCF-Methode zur Unternehmensbewertung in Richtung einer umfassenden Systematik des Wertmanagements einher mit einer Verbreiterung des theoretischen Fundamentes. In Ergänzung zu den Ergebnissen der neoklassischen Finanzierungstheorie wird nun auch auf im Rahmen der neoinstitutionalistischen Unternehmens- und Finanzierungstheorie abgeleitete Aussagen zurückgegriffen (vgl. dazu auch 1.1.3). Wesentlich sind dabei insbesondere folgende Aspekte:

- Das Unternehmen wird in seiner Existenzbegründung und Größe problematisiert. Unternehmen stellen war weiterhin Investitionsobjekte für die Anleger dar, jedoch wird nun nach der optimalen Gestaltung des Netzwerkes von Verträgen zwischen den Ressourcengebern gefragt.

- Grund für diese Fokussierung auf die Vertragsbeziehungen zwischen dem Unternehmen und den Ressourcengebern ist letztlich das Problem des opportunistischen Verhaltens von Transaktionspartnern auf der Basis von Informationsvorsprüngen. Dabei stehen in finanzierungstheoretischem Kontext vor allem zwei potentielle Konflikte im Mittelpunkt der Betrachtung (vgl. dazu grundlegend Jensen/Meckling, 1976): Zum einen derjenige zwischen den Eigentümern des Unternehmens und den angestellten Managern und zum anderen derjenige zwischen verschiedenen Kapitalgebergruppen, insbesondere Eigen- und Fremkapitalgebern.

- Unter der Annahme, daß die jeweils von einem opportunistischen Verhalten betroffenen Investoren diese Gefahr antizipieren, werden sie auf das Unternehmen durchschlagende Selbstschutzmaßnahmen ergreifen. Diese können etwa in der Verweigerung einer Kapitalhingabe oder erhöhten Risikoprämienforderungen bestehen. Die entsprechenden Agency-Kosten bieten für die Kapitalnehmer einen Anreiz, Maßnahmen zur Reduzierung der Verhaltensunsicherheit der Kapitalgeber zu unternehmen. Folglich werden dann finanzierungsrelevante Institutionen und Finanztitel bzw. deren Gestaltungselemente (z. B. Sicherheitenstellung in Kreditverträgen) als Instrumente zur Verringerung des Verhaltensrisikos und der daraus resultierenden Agency-Kosten der Finanzierung erklärt.

Die Bedeutung dieser Überlegungen für die Elemente des Konzeptes des unternehmerischen Wertsteigerungsmanagements werden besonders deutlich, wenn man das Instrument der **Investor-Relations** betrachtet. Diese kommunikationspolitische Komponente des Finanzmarketing läßt sich nämlich bei vollkommener Information und Abwesenheit von Transaktionskosten nicht erklären. Erst die für die neoinstitutionalistische Theorie charakteristische Betrachtung von durch asymmetrische Informationsverteilungen und Transaktionskosten charakterisierte Beziehungen zwischen Kapitalnehmer und -geber rechtfertigen Maßnahmen der glaubwürdigen Informationsübermittlung und der kapitalanlegerspezifischen Werbung (vgl. Jacob, 1991): Investor Relations werden dann theoretisch als Instrument des das Verhaltensrisiko reduzierenden Reputationskapitalmanagements von Kapitalnehmern erklärbar (vgl. dazu ausführlich Klein, 1996). Glaubwürdige, stetige und umfassende Informationsaktivitäten von Kapitalnehmern können innerhalb des Shareholder-Value-Ansatzes zunächst dazu dienen, eine aus asymmetrischer Informationsverteilung resultierende Fehlbewertung der Aktien des Unternehmens am

Kapitalmarkt zu verhindern. Insofern wird die Annäherung des Börsenkurses an den langfristig maximalen Aktienpreis zu einem wesentlichen Ziel solcher Maßnahmen (vgl. Link, 1991).

Allerdings ist die in Theorie und Praxis bisweilen feststellbare Eingrenzung der Zielgruppen finanzmarktbezogener Kommunikationspolitik auf die Aktionäre nicht unproblematisch (vgl. so auch Becker, 1994). Grund hierfür sind nicht nur aus der mangelnden informatorischen Gleichbehandlung von Anlegergruppen möglicherweise resultierende Vertrauensschäden, sondern auch insbesondere die Möglichkeit, die Fremdkapitalgeber durch eine entsprechende Kommunikationspolitik davon zu überzeugen, daß das von ihnen bereitgestellte Kapital so investiert wird, daß Zins- und Tilgungszahlungen mit sehr hoher Wahrscheinlichkeit geleistet werden können. Dies kann dann zu einer Senkung der geforderten Risikoprämie und/oder zur Akzeptanz eines höheren Verschuldungsgrades beitragen (vgl. Klein, 1996).

Damit ist dann bereits eine zweite Gruppe von Maßnahmen des Wertsteigerungsmanagements angesprochen, nämlich diejenigen, die auf eine **Reduzierung der Kapitalkosten** gerichtet sind. Ein entsprechendes unternehmenswertsteigerndes Passivmanagement umfaßt – neben den gerade skizzierten Instrumenten der Investor Relations – vor allem zwei Aspekte: zum einen die Realisierung einer optimalen Kapitalstruktur durch die Wahl desjenigen Verhältnisses von Eigen- und Fremdkapital, welches – bestimmte Verhaltensannahmen über die Investoren bei steigender Verschuldung und ein gegebenes Geschäftsrisiko des Unternehmens vorausgesetzt – zu minimalen durchschnittlichen Kapitalkosten führt. Zum anderen können – entsprechend der im vorangegangenen Abschnitt diskutierten Berechnungsformel für die durchschnittlichen Kapitalkosten – die jeweiligen Kapitalkostensätze für Eigen- und Fremdkapital als Anknüpfungspunkte für das Passivmanagement dienen. Zu untersuchen wäre dann etwa, inwieweit durch innovative, an den Anlagewünschen der Investoren in ihrer Gestaltung ausgerichtete Finanztitel eine Reduzierung der Kapitalkostensätze erreicht werden kann (vgl. Bühner, 1990 sowie Klein, 1996). Das Spektrum möglicher Finanztitel ist gerade in den letzten Jahren durch die zahlreichen Innovationen im Bereich der Fremd- und der Mezzaninfinanzierung erweitert worden. Bei diesen Maßnahmen eines wertsteigernden Passivmanagements wird die Verbindung zu möglichen Beratungs-, aber auch Emissionsleistungen der Investment-Banken mit ihrem Informationsvorsprung hinsichtlich des Anlegerverhaltens und ihren Aktivitäten im Bereich der Kreation und des Handels von Finanzinnnovationen unmittelbar deutlich.

Während mithin das Passivmanagement auf die Senkung des Diskontierungsfaktors der vom Unternehmen zu erzielenden Einzahlungsüberschüsse gerichtet ist, zielt das **Aktivmanagement** auf die Erhöhung dieser Einzahlungsüberschüsse. Wesentlich dabei ist, daß entsprechende Maßnahmen im operativen Bereich des Unternehmens anhand ihres Beitrages zum Shareholder Value bewertet werden. Letztlich geht es darum, die Kapitalwertmethode nicht nur auf das Unternehmen insgesamt, sondern auch auf einzelne strategische und operative (Investitions-)Entscheidungen anzuwenden. Dieser Überlegung folgend werden von Rappaport (1986) zwei Analyseinstrumente zur wertorientierten Strategiebeurteilung vorgeschlagen: zum einen die Berechnung der strategiebedingten Wertsteigerung, die sich als Differenz aus dem Shareholder Value bei Neuinvestition und dem Vorstrategie-Shareholder-Value ergibt, und zum anderen das Konzept der wertorientierten Break-even-Analyse: Dabei wird entweder eine kritische Marge als diejenige betriebliche Gewinnmarge berechnet, die notwendig ist, um den Shareholder Value auf einem bestimmten Niveau zu halten, oder die kritische Zusatzmarge als die ein Absinken des Shareholder Value verhindernde mindestens erforderliche Gewinnmarge auf den Zusatzumsatz. Im Aktivmanagement wird der Shareholder Value mithin zu einem die Ressourcenallokation im Unternehmen steuernden Lenkungsinstrument (vgl. dazu ausführlich Siegert, 1995).

Schließlich ist vor dem Hintergrund möglicher Interessenkonflikte zwischen angestellten Managern und den Anteilseignern das vierte Element des Shareholder-Value-Managements erklärbar. Der Shareholder Value bzw. dessen Veränderung als Kontrollgröße für das "Wohlverhalten" des Managements sowie als Basis für deren Entlohnung soll zu einer **Förderung des Aktionärsbewußtseins** beim Management beitragen. Ein entsprechendes Kontroll- und Anreizsystem muß folgende beide Bedingungen erfüllen (vgl. Elschen, 1991):

- Die Kontrollgröße "Shareholder Value" muß intersubjektiv nachprüfbar und mit vertretbarem Aufwand ermittelbar sein.

- Das Anreizsystem muß mit der finanziellen Zielsetzung der Unternehmenseigner verträglich sein, d. h. die Vorteile des am Shareholder Value orientierten Kontroll- und Entlohnungssystems für die Anteilseigner müssen größer sein als die möglichen zusätzlichen Kontrollkosten sowie die Belohnungsverpflichtungen gegenüber den Managern.

Der gerade skizzierte Vorteil der DCF-Methode, nämlich ihre Einbettung in einen weitergehenden Managementansatz des Shareholder-Value-Management, kann jedoch auch kritisch beleuchtet werden. Dies leitet über zur Diskussion der Problemfelder der DCF-Methode.

Hierbei ist zunächst auf einen Problemkreis zu verweisen, der daraus resultiert, daß die DCF-Methode sowie der Shareholder-Value-Ansatz angelsächsischer Provenienz sind. Dies bedeutet, daß eine undifferenzierte Übertragung dieser Konzepte auf kontinentaleuropäische Unternehmen Gefahr läuft, unterschiedliche institutionelle Voraussetzungen der Anwendung bestimmter Bewertungs- und Managementkonzepte zu vernachlässigen. Der Frage nach den divergierenden institutionellen Rahmenbedingungen auf angelsächsischen Kapitalmärkten einerseits und kontinentaleuropäischen andererseits ist Jacob (1993) nachgegangen. Er identifiziert vier wesentliche Felder, in denen für die Anwendung spezifischer Bewertungs- und Unternehmensführungskonzepte relevante Unterschiede zwischen dem angelsächsischen und dem kontinentaleuropäischen Paradigma festzustellen sind (vgl. auch nachfolgende Abbildung):

1. Rechtsanspruch des Aktionärs/Rechtsperson des Unternehmens

2. Dominante Prinzipien und Ausrichtung der Rechnungslegung

3. Lösungsansatz für die Agency-Problematik

4. Anwendung unterschiedlicher finanzierungstheoretischer Konzepte sowie das Ausmaß der Annäherung der Gegebenheit realer Kapitalmärkte an die finanzierungstheoretischen Idealbedingungen.

Länder Vergleichs- kritierien	USA - anglo-amerikanisches Konzept -	Deutschland - kontinentaleuropäisches Konzept -
1. Rechtsanspruch des Aktionärs/ Auffassung vom Unternehmen	- Aktionäre = Bruchteilseigentümer des Nettovermögens des Unternehmens - Unternehmen als Agent der Aktionäre (agency-Konzept) - Konfliktlösungsmechanismus: Marktwertmaximierung	- Aktionäre = Bruchteilseigentümer am gezeichneten Kapital des Unternehmens - Fiktion der juristischen Person "Unternehmen" (entity-concept) - Konfliktlösungsmechanismus: Interesse der juristischen Person
2. Externe Rechnungslegung (Handelsbilanz)	- **Investoren-Informations- und Schutzprinzip** - Wahrheitsprinzip ("true and fair view") = keine stillen Reserven - Kongruenzprinzip ("Matching") - "Marking-to-Market" - Gruppenbewertung	- **Gläubigerschutz-Prinzip (Beachtung der GOB)** - Vorsichtsprinzip Bildung stiller Reserven - Imparitätsprinzip - Niederstwertprinzip - Einzelbewertung
3. Lösungsansatz für P/A-Problematik	- Kontrolle durch Information (z. B. Quartalsabschluß) - Anreizsysteme (share options)	- "Unternehmen als vertrauensbildende Institution"
4. Finanztheorie	- Annäherung an den vollkommenen Kapitalmarkt (Investorensicht)	- Finanzwirtschaftslehre: Dominanz der Unternehmenssicht = strateg. Liquiditätsposition

Abbildung 2.8: Institutionelle Voraussetzungen der Anwendung des Shareholder-Value-Ansatzes

Zentrales Ergebnis der in der Abbildung skizzierten, vergleichenden Analyse ist, daß die institutionellen Voraussetzungen der Anwendung des Shareholder-

Value-Ansatzes in den USA in weitaus höherem Maße gegeben sind als etwa in Deutschland. Zwar gilt auch für Deutschland die Gewinn- bzw. Marktwertmaximierung als wesentliches Unternehmensziel, jedoch stehen einer undifferenzierten Ausrichtung aller unternehmerischen Maßnahmen allein auf die finanzielle Wohlfahrt der Aktionäre sowie der Betonung der Interessenkonflikte zwischen Management und Aktionären das Konzept der juristischen Person, die Bedeutung des Unternehmensinteresses als Konfliktlösungsmechanismus, das Bild des Unternehmens als vertrauensbildender Institution für die verschiedenen Interessengruppen (z. B. auch Arbeitnehmer, Lieferanten etc.) sowie das Prinzip des Gläubigerschutzes und die Dominanz der Unternehmenssicht in der finanzwirtschaftlichen Betrachtung entgegen. Gleichwohl ist aktuell eine Tendenz – zumindest bei den großen, börsennotierten Aktiengesellschaften in Deutschland – zur verstärkten Anwendung von Shareholder-Value-Konzepten festzustellen. Grund hierfür dürfte nicht zuletzt die den dauerhaften Fortbestand divergierender institutioneller Rahmenbedingungen erschwerende Globalisierung der Kapitalmärkte sein. Die Gewinnung ausländischer Investoren setzt in gewissem Maße die Erfüllung deren Informationsbedürfnisse voraus.

So zeigt etwa die Befragung von Choi/Levich (1991), daß sich international divergierende Rechnungslegungsstandards sowie Unterschiede im Ausmaß und Detailliertheitsgrad in einer erhöhten Unsicherheit ausländischer Investoren bei der Beurteilung "heimischer" Unternehmen niederschlagen, die entweder zu zusätzlichen Transaktionskosten für diese Anleger (z. B. Kosten der Anpassung von Jahresabschlußinformationen an die ihnen geläufigen Standards), aber auch zu einem Verzicht auf den Erwerb entsprechender Wertpapiere führen können.

Insofern dürfte insbesondere bei solchen Unternehmen, die an den internationalen Finanzmärkten als Kapitalnehmer agieren, eine zunehmende Hinwendung zum Shareholder-Value-Ansatz festzustellen sein. Exemplarisch belegt wird diese These durch die erst kürzlich (Mitte Dezember 1995) erfolgte Erklärung der Deutschen Bank, zukünftig auch einen Jahresabschluß nach den International Accounting Standards vorzulegen und verstärkt auf eine Wertsteigerung ihrer Aktien hinzuwirken.

Eng mit den gerade vorgetragenen Problemen einer Übertragung des angelsächsischen Bewertungskonzeptes der DCF-Methode auf den deutschen Kapitalmarkt in Verbindung stehen zwei weitere Schwierigkeiten (vgl. Jonas, 1995): Zum einen liegt der DCF-Methode in ihrer Grundform das US-amerikanische Steuersystem zugrunde, welches sich etwa hinsichtlich der Mehrfachbelastung von Gewinnen beim Unternehmen und beim Aktionär (Körperschaftsteuer) sowie der Nicht-Existenz der Gewerbesteuer von dem deutschen unterscheidet. Hier werden vor Anwendung der DCF-Methode entsprechende Anpassungen notwendig. Zum anderen ist in den USA eine Cash-Flow-Planung auch vor dem Hintergrund entsprechender Bilanzierungsvorschriften weitaus üblicher als in Deutschland, wo zudem das Vorsichts- und das Imparitätsprinzip zu erheblichen Abweichungen zwischen bilanziell ausgewiesenen Größen und tatsächlichen Cash-Flows führen (z. B. auch bei den Rückstellungen). Dies mag auch ein Grund dafür sein, daß – nach einer jüngeren Untersuchung von Prietze/Walker (1995) – Unternehmen in Deutschland bei Unternehmensbewertungen in stärkerem Maße auf die zukünftigen Gewinne abheben als auf die (freien) Cash-Flows. Ein ähnliches Ergebnis zeigt auch die Befragung von Peemöller et al. (1994): 39 % der befragten Wirtschaftsprüfungsgesellschaften, M&A-Berater, Unternehmensberater, Investmentbanken, Beteiligungsunternehmen, Industrieunternehmen und Banken verwenden das Ertragswertverfahren, 33 % das DCF-Konzept. Letzteres ist allerdings bei den durch eine starke angloamerikanische Prägung gekennzeichneten Unternehmensberatungen (57 %) und Investmentbanken (46 %) das mit Abstand dominierende Verfahren.

Schließlich ist noch auf zwei weitere Probleme der DCF-Methode hinzuweisen: Diese betreffen zunächst den für das Konzept typischen Entity-Approach, also die Ermittlung des Wertes des Eigenkapitals durch Subtraktion des Marktwertes des Fremdkapitals vom gesamten Unternehmenswert. Dieses Vorgehen führt immer dann zu Problemen, wenn Marktwerte für die verschiedenen Fremdkapitaltitel des Unternehmens nicht verfügbar oder nur schwer bestimmbar sind. In solchen Fällen ist dann – insbesondere auch bei Banken – auf den sogenannten Equity-Ansatz zurückzugreifen, der durch den Versuch einer unmittelbaren Bestimmung des Wertes des Unternehmens für die Eigenkapitalgeber gekennzeichnet ist (vgl. Copeland et al., 1990).

Der zweite Problemkreis bezieht sich auf den gewählten Diskontierungssatz. Zwar wird durch die Wahl der durchschnittlichen Kapitalkosten als Kalkulationszins der Versuch unternommen, eine gewisse Objektivierung des Diskontierungsfaktors zu erreichen, was jedoch folgende Probleme aufwerfen kann:

- In den Finanzierungskosten sind nur indirekt Opportunitätskostenüberlegungen der Kapitalgeber des Unternehmens erfaßt. Für unterschiedliche Investoren können jedoch divergierende Mengen von Alternativinvestitionen zur Verfügung stehen, so daß unterschiedliche Opportunitätskosten relevant werden. Dies ist insbesondere bei der Beurteilung eines Unternehmenserwerbs seitens eines Investors mit beschränkten finanziellen Mitteln und spezifischen alternativen Real- und/oder Finanzinvestitionsmöglichkeiten relevant. Die Diskontierung der zukünftigen Cash-Flows des Unternehmens mit den durchschnittlichen Kapitalkosten kann dann zu einem "falschen" Grenzpreis führen, falls nicht in dem Eigenkapitalkostensatz die Rendite der spezifischen Investitionsalternativen des Investors berücksichtigt wird.

- Unklar bleibt, ob Kapitalstruktur und Eigenkapital- und Fremdkapitalkostensatz gegenwarts- oder zukunftsorientiert zu ermitteln sind. Letztgenannte Variante ist zwar aus theoretischer Perspektive richtig, da es um die Ermittlung eines Diskontierungsfaktors für zukünftig anfallende Zahlungen geht, jedoch mit höherer Unsicherheit behaftet. Ob eine gewünschte Zielkapitalstruktur wirklich erreicht werden kann und ob diese sich bei möglicherweise variierenden Eigenkapital- (z. B. aufgrund von Marktschwankungen am Aktienmarkt) und Fremdkapitalkostensätzen (z. B. aufgrund von Änderungen des risikolosen Kapitalmarktzinses) noch als optimal erweist, ist fraglich. Insofern ist die Annahme eines für alle Perioden konstanten Diskontierungsfaktors problembehaftet: "Stabile Risikoprämien für Eigenkapital sind kaum zu ermitteln. Die Werte bewegen sich in einem dynamischen Kontinuum, das durch die euphorische oder depressive Stimmung der Marktteilnehmer geprägt wird." (Siegert, 1995, S. 582).

- Zu untersuchen ist auch, ob die durchschnittlichen Kapitalkosten des akquirierenden oder des bewerteten Unternehmens zur Diskontierung heranzuziehen sind. Wenngleich etwa Peemöller et al. (1994) die letztgenannte Variante als das theoretisch richtige Modell ansehen und in ihrer Untersuchung feststellen, daß 81 % der Befragten dieses anwenden, handelt es sich hierbei um ein nicht-triviales Problem. Denn einerseits spricht für die Verwendung der Kapitalkosten des zu erwerbenden Unternehmens, daß Einzahlungsüberschüsse und Finanzierungskosten von dem gleichen Bezugsobjekt (zu erwerbendes Unternehmen) betrachtet bzw. diesem zugeordnet werden, andererseits kann sich jedoch durch den Eigentümerwechsel eine Veränderung der Finanzierungsbedingungen für das erworbene Unternehmen ergeben. Neben Größeneffekten einer gebündelten Kapitalaufnahme im Konzern bzw. Unternehmensverbund ist hierbei insbesondere an explizite (z. B. Patronatserklärung der Muttergesellschaft) und implizite (z. B. Reputationstransfereffekte) Instrumente der Verbesserung der wahrgenommenen Bonität des Einzelunternehmens zu denken.

- Die Ermittlung der Eigenkapitalkosten mittels des CAPM ist problembehaftet. Dies betrifft nicht nur die Tatsache, daß – ähnlich wie bei der Abschätzung der Fremdkapitalkosten – die Aufgabe der Einschätzung des Unternehmensrisikos quasi an "externe" Investoren delegiert wird, obwohl u. U. die potentiellen Unternehmenskäufer im Verlauf der Verhandlungen über eine umfassendere Informationsbasis verfügen dürften. Hinzu kommt, daß mit der Ermittlung der Eigenkapitalkosten mit Hilfe des CAPM erhebliche Informationsbeschaffungsprobleme dann verbunden sein können, wenn die Aktien des zu bewertenden Unternehmens selbst nicht an der Börse notiert werden (vgl. Peemöller et al., 1994). Der Rückgriff auf die β-Faktoren vergleichbarer Unternehmen ist in diesem Fall mutatis mutandis mit den gleichen Problemen behaftet wie die an der Marktbewertung vergleichbarer Unternehmen orientierte Unternehmensbewertung. Darüber hinaus wird beim CAPM unterstellt, daß nur das systematische Marktrisiko in der Risikoprämie abgegolten wird; unternehmensspezifische, unsystematische Risiken werden somit trotz ihrer Bedeutung (vgl. z. B. Siegert, 1995) vernachlässigt (vgl. so auch Schmidt, 1995). Dieses Vorgehen kann aber nur dann gerechtfertigt sein, wenn ein vollkommener Kapitalmarkt vorliegt, der es jedem Investor erlaubt, kostenlos genau denjenigen Anteil an seinem Budget in Form des die unsystematischen Risiken eliminierenden Marktportfolios zu halten, der seiner Risikopräferenz entspricht.

Wenn allerdings von einem solchen vollkommenen Kapitalmarkt auszugehen wäre, dann beinhaltete die DCF-Methode einen modellimmanenten Widerspruch, da nämlich – wie Modigliani/Miller (1958) gezeigt haben – auf vollkommenen Kapitalmärkten die Kapitalstruktur eines Unternehmens irrelevant für dessen Marktwert ist, erübrigt sich die mit Hilfe des einen vollkommenen Kapitalmarkt voraussetzenden CAPM durchgeführte Bestimmung der Eigenkapitalkosten. Denn für alle Unternehmen einer durch ihr Geschäftsrisiko determinierten Risikoklasse ergeben sich die gleichen durchschnittlichen Kapitalkosten. Für eine unternehmensspezifische

Ermittlung der durchschnittlichen Kapitalkosten bliebe dann aus theoretischer Perspektive kein Raum.

3 Das Emissionsgeschäft im Investment Banking

3.1 Begriffliche Grundlagen

Bei der Skizzierung der verschiedenen Geschäftsfelder von Investment-Banken hatten wir ausgehend von der Unterscheidung zwischen Primär- und Sekundärmärkten für Wertpapiere Primärmarkttransaktionen als ein wesentliches Geschäftsfeld des Investment Banking identifiziert (vgl. 1.1.).

Gegenstand dieses Geschäftsfeldes sind die Begleitung und Plazierung von Emissionen. Mit dem Begriff der Emission wird dabei die Erstausgabe von Wertpapieren bezeichnet, durch deren Verkauf an die Investoren der Emittent Finanzierungsmittel im Wege der Außenfinanzierung zu generieren sucht. Mit der Schaffung und Ausgabe von Wertpapieren einher geht die Verbriefung der bei Primärtransaktionen im Mittelpunkt stehenden "Kapitalnehmer-Kapitalgeber-Beziehung". Diese Verbriefung ist dann ihrerseits jedoch wiederum Voraussetzung für eine vergleichsweise "einfache", i. S. von transaktionskostengünstige Handelbarkeit dieser Finanztitel zwischen Investoren und wird somit zu einer Determinante der Entstehung und Liquidität von Sekundärmärkten.

Grundsätzlich stehen einem Emittenten zur Abwicklung von Primärmarkttransaktionen – analog zum Vertrieb von Produkten und Dienstleistungen auf Absatzmärkten (vgl. z. B. Specht, 1988, S. 35) – zwei Handlungsalternativen offen:

1. Der direkte Absatz als Distribution der Finanztitel ohne die Einschaltung von Emissionsbanken als Zwischenstufen und somit verbunden mit einer direkten Anbahnung und Abwicklung der Transaktion zwischen Emittent und Investoren.

2. Der indirekte Absatz unter Einschaltung einer oder mehrerer Emissionsbanken als Distributionsorgane.

Als Terminus technicus für den erstgenannten, bis dato in der Realität nur selten – vornehmlich bei Banken – zu beobachtenden Fall hat sich der Begriff der "Selbst- oder Eigenemission" eingebürgert, während der zweite Fall mit dem Begriff der "Fremdemission" belegt wird (vgl. Rudolph, 1981, S. 61). Ein gravierender Unterschied zwischen beiden Distributionsalternativen besteht dabei i. d. R. im Hinblick auf den Träger des Risikos einer mangelnden Plazierung der Finanztitel: Während das Risiko des Nicht-Absatzes bei Selbstemissionen beim Emittenten verbleibt, kann es bei Fremdemissionen von den Emissionsbanken gegen die Entrichtung einer entsprechenden Risikoprämie übernommen werden. Unter gewissen Bedingungen können die auf dem US-amerikanischen Kapitalmarkt zu beobachtenden Privatplazierungen ("private placements") als Zwischenform der beiden Extrempunkte "Eigen- und Fremdemission" betrachtet werden: Da bei diesem Verfahren Wertpapiere nur bei einem begrenzten Kreis institutioneller Investoren (Versicherungen, Pensionsfonds, Kapitalanlagegesellschaften) plaziert werden, sind die Kosten für eine unmittelbare Abwicklung einer entsprechenden Primärmarkttransaktion zwischen Emittent und einzelnem Investor im Vergleich zum Absatz bei einem größeren Kreis von Anlegern (öffentliche Begebung und Plazierung) relativ gering, so daß Teile der Distributionsleistung (z. B. Suche nach Investoren, Anbahnung der Geschäftsbeziehung, Abwicklung der Transaktion) von Emittenten übernommen werden (vgl. Fabozzi/Modigliani, 1992, S. 73 f.). Eine entsprechende arbeitsteilige Wahrnehmung von Distributionsaufgabe durch den Emittent einerseits und die Emissionsbank andererseits könnte dann als Zwischenform zwischen Eigen- und Fremdemission verstanden werden.

Im Grenzfall – und hier würde sich das Verfahren hinsichtlich einer vollständigen Übernahme aller Distributionsleistungen durch den Emittenten einer "Eigenemission" annähern – verbliebe für die Emissionsbank lediglich die Beratungsfunktion hinsichtlich der konkreten Ausgestaltung der Wertpapiere.

Wie bereits angedeutet (vgl. 1.1), kann das Emissionsgeschäft nach bestimmten Kriterien weiter untergliedert werden. Hierzu bieten sich einerseits Merkmale der Transaktionsobjekte an: So kann etwa nach der in den betreffenden Wertpapieren verbrieften Rechtsstellung des Kapitalnehmers zwischen der Emission von Eigenkapitaltiteln (z. B. Aktienerstemissionen, Kapitalerhöhungen, Equity-Carve-outs), Fremdkapitaltiteln (z. B. Anleihen, Commercial Paper) und von Mezzanin-Instrumenten, die sowohl Merkmale von Eigen- als auch Fremdkapital aufweisen (z. B. Wandel- und Optionsanleihen), unterschieden werden. Darüber hinaus ist, gemäß dem Kriterium der Fristigkeit bzw. Laufzeit der Transaktionsobjekte, zwischen Geldmarktemissionen und Kapitalmarktemissionen zu differenzieren. Traditionell werden dem kurzfristigen Geldmarkt Finanztitel mit einer Laufzeit von einem Jahr zugerechnet; unter Einbeziehung von Commercial Paper wird jedoch der relevante Zeithorizont auf zwei Jahre minus einen Tag ausgedehnt (vgl. Jacob/Klein/Nick, 1994, S. 153).

Mit Hilfe von Merkmalen des zu begebenen Finanztitels ergänzenden Charakteristika des Emittenten und des Emissionskonsortiums lassen sich darüber hinaus Kategorien von Emissionen unter dem Aspekt ihrer Internationalität ableiten (vgl. zum folgenden auch Reimnitz, 1989, S. 246 f.). Unterschiedliche Kombinationen der Kriterien "Herkunftsland des Emittenten", "Währung" und "Struktur des Emissionskonsortiums" als Indikator des Zielmarktes führen mithin zur Abgrenzung zwischen nationalen, internationalen und globalen Emissionen: Nationale Emissionen sind demnach durch einen im Inland "beheimateten" Emittenten, eine inländische Emissionswährung und ein aus nationalen Banken bestehendes Emissionskonsortium bzw. durch die Plazierung des Finanztitels bei inländischen Anlegern gekennzeichnet. Bei internationalen Emissionen hingegen sind – je nach den Zielmärkten der

Emission – zwei Fälle zu unterscheiden (vgl. dazu auch Levi, 1990, S. 336): Einerseits können Finanztitel eines ausländischen Kapitalnehmers in einem Land emittiert werden, auf dessen Währung sie auch lauten (typisches Beispiel: Auslandsanleihen). Typischerweise setzt sich dann das Emissionskonsortium aus Banken des Begebungslandes zusammen. Demgegenüber ist für Euromarkt-Titel kennzeichnend, daß deren Verkauf außerhalb desjenigen Landes erfolgt, dessen Währung die Emissionswährung darstellt. Da sie i. d. R. in mehreren Ländern verkauft werden, ist die Bildung eines internationalen Emissionskonsortiums üblich.

Schließlich soll von globalen Emissionen dann gesprochen werden, wenn eine gleichzeitige Emission und ggf. Börseneinführung eines Finanztitels in mehreren nationalen Märkten – unter Einschließung des Sitzlandes des Emittenten – erfolgt. Auch hierbei verlangt i. d. R. die Gewinnung von Anlegern auf den verschiedenen nationalen Finanzmärkten die Einbeziehung von in den jeweiligen Regionen stark vertretenen Emissionsbanken. Ein typisches Beispiel hierfür wäre etwa die gleichzeitige Börseneinführung und der Verkauf von Aktien eines deutschen Unternehmens in Deutschland, den USA und Japan.

3.2 Funktionen und Aufgaben der Investment-Banken im Emissionsgeschäft

Im vorangegangenen Abschnitt hatten wir gesehen, daß einem Emittenten prinzipiell zwei Optionen bei der Kapitalbeschaffung durch die Ausgabe von Wertpapieren offenstehen: Eigen- oder Fremdemission. Da nur bei letztgenannter Alternative Emissionsbanken eingeschaltet werden und somit Provisionserträge erzielt werden können, ist zu fragen, welche Vorteile sie bei der Bewältigung der Aufgaben im Emissionsgeschäft aufweisen können, die aus Sicht des Emittenten einer Fremdemission gegenüber der eigenständigen Erfüllung dieser Aufgaben vorteilhaft erscheinen läßt und die Entrichtung der entsprechenden Provisionen an die Banken rechtfertigen kann.

Dazu wollen wir einen Katalog möglicher Aufgaben und Funktionen der Banken diskutieren (vgl. dazu Reimnitz, 1989, S. 254 ff. sowie Rudolph, 1981). Folgende Aufgabenkomplexe können dabei unterschieden werden:

(1) Akquisition: Anbahnung der Transaktionsbeziehung zwischen Emittent und Emissionsbank

Aus marktbezogener, bankpolitischer Sicht stellt die Anbahnung der Geschäftsbeziehung zu potentiellen Kunden im Emissionsgeschäft eine grundlegende Voraussetzung zur Generierung entsprechender Erträge in diesem Bereich dar.

Informationen über potentielle Emittenten und deren Emissionsvorhaben als Basis einer aktiven Akquisitionspolitik können bankinternen (z. B. Informationen aus bereits bestehenden Kreditbeziehungen) und/oder bankexternen Quellen entnommen werden (z. B. Wirtschaftspresse, Geschäftsberichte der Unternehmen). Wenngleich Bestrebungen unternommen werden, den Kreis potentieller, emissionsfähiger Unternehmen durch Erleichterung der Emissionsvoraussetzungen (Stichwort: "Die kleine AG") zu erweitern, so bleibt die Zahl dieser Unternehmen – zumindest in Deutschland – überschaubar. Grund hierfür sind Anforderungen an potentielle Emittenten in zweierlei Hinsicht:

- Höhe des Kapitalbedarfs und davon abgeleitet das Emissionsvolumen: Fixkosten der Emission und Anforderungen an die Liquidität der Finanztitel auf dem Sekundärmarkt bedingen die Existenz von "Mindest"-Emissionsvolumina.

- Ertragskraft und Bonität des Emittenten: Sieht man von dem Spezialfall des Junk-Bond-Marktes in den USA als Markt für hochspekulative Fremdkapitaltitel ab, so wird eine hinreichende Bonität (Investment-Grade-Bonds) bei Anleihen ebenso zur Determinante der Emissionsfähigkeit wie die zukünftige Ertragskraft bei Eigenkapitalemissionen. Beiden Kriterien zugrunde liegt die Überlegung, daß die zukünftigen, vom Unternehmen zu erwirtschaftenden Cash-Flows maßgeblich dessen Fähigkeit zur Erfüllung der Renditeerwartungen der Eigenkapitalgeber bzw. der Zins- und Tilgungsforderungen der Fremdkapitalgeber bestimmen.

Emissionsvolumen und Ertragskraft des Kapitalnehmers sind jedoch nicht nur im Sinne von den Kreis potentieller Emittenten bestimmenden Ausschlußkriterien zu verstehen, sondern sie determinieren in gradueller Abstufung auch die Attraktivität einer Emission für bestimmte Emissionsbanken. Unter Berücksichtigung des festzulegenden Emissionspreises beeinflussen beide Größen nämlich zum einen die Möglichkeiten der Ertragsgenerierung für die Investment-Banken aus der Emission, aber auch das u. U. zu tragende (Gesamt-) Plazierungsrisiko, dessen Tragfähigkeit für das einzelne Institut wiederum von der Kapitalausstattung und der institutsspezifischen Risikoposition und -neigung abhängt. Darüber hinaus sind Reputationsüberlegungen zu beachten: Die Beteiligung an einer großen Emission eines erstklassigen Emittenten als Möglichkeit zum Reputationstransfer von der Emission auf die Emissionsbank; die Beschränkung auf die ausschließliche Beteiligung an erstklassigen Emissionen als bewußtes Mittel des Reputationsaufbaus bzw. -erhaltes der Emissionsbanken.

Der am deutschen Markt – nicht zuletzt aufgrund des Markteintritts ausländischer Konkurrenten und einer verstärkten Kapitalmarkt- und Kosten-/Effizienz-Orientierung des Finanzmanagements der Unternehmen – verstärkte Wettbewerb der Investment-Banken im Segment der Emittenten erstklassiger Qualität und hoher Transaktionsvolumina hat zu Veränderungen der Akquisitionsbedingungen geführt. In diesem Kontext ist insbesondere auf drei Punkte hinzuweisen:

(a) Hausbankbeziehungen schließen nicht notwendigerweise Kapitalmarkttransaktionen ein, deren begrenzte Zeitdauer eine einzeltransaktionsorientierte Auswahl der Emissionsbanken seitens der Unternehmen erlaubt. Insofern stehen die Hausbanken im Wettbewerb mit Investment Banken um die Abwicklung einzelner Primärmarkttransaktionen.

Diese Entwicklung mag die Bemühungen deutscher Universalbanken zur Erweiterung ihres Know-hows und ihrer Reputation im Investment Banking – auch angesichts des Trends zur Securitization und damit einhergehender Strukturverschiebungen im Ergebnisbeitrag von bilanziellem und Provisionsgeschäft – erklären. Dennoch lassen sich Gründe für Vorteile von Hausbanken bei der Akquisition von Transaktionen bei ihren Firmenkunden gegenüber "neu eintretenden" Wettbewerbern finden:

Erstens ein aus der Kenntnis der Geschäftsentwicklung des Emittenten resultierender Vorteil bei der Einschätzung dessen Emissionsfähigkeit und seiner Qualität; zweitens die Möglichkeit zur Offerierung des Produktbündels aus Distributionsleistungen und Risikoübernahme in

Form von back-up-lines bei Übernahme von Kapitalmarktrisiken seitens des Emittenten (vgl. dazu ausführlich Jacob, 1993) und drittens Vorteile bei der Qualitätsüberprüfung und -zertifizierung der Emission.

Letztgenannter Aspekt verlangt eine genauere Betrachtung, deren Ausgangspunkt empirische Untersuchungen sind, die auf eine Abmilderung der Probleme asymmetrischer Informationen (z. B. Underpricing) bei Emissionen durch die Existenz von dauerhaften Bankbeziehungen im Kreditgeschäft hindeuten (vgl. z. B. Slovin/Young, 1990, Lummer/McConnell, 1989, und Slovin/Johnson/Glascock, 1992): Die Kreditprüfung der Bank wird über die Veröffentlichung ihrer Kreditentscheidung an die Investoren signalisiert und reduziert deren Qualitätsunsicherheit: "However, the results do support the view that decisions made by banks as a result of a continuing lending relationship with a corporate borrower serve as influential signals of firm value. Thus, the results indicate that banks are important and credible transmitters of firm-specific information to the capital market." (Lummer/McConnell, 1989, S. 121).

Dieser Befund kann unter zwei alternativen Bedingungen für die gleichzeitige Nutzung eines Kreditinstitutes als Kredit- und Emissionsbank sprechen: Zum einen können Einsparungen von Transaktionskosten (z. B. Anbahnungs- und Informationskosten) die Nutzung der Kreditbank auch als Emissionsbank vorteilhaft erscheinen lassen. Insbesondere dürften dabei die in der Kreditbeziehung gewonnenen Informationen über die Qualität des Unternehmens für Fragen der Qualitätseinschätzung der Emission und deren Bepreisung genutzt werden können. Zum anderen kann eine gleichzeitige Nutzung eines Instituts als Kredit- und Emissionsbank einem opportunistischen Verhalten bei der Kreditvergabeentscheidung vorbeugen, denn die Kreditbank mag – bei bestehendem alleinigem Kreditengagement zum Emittenten – einen Anreiz haben, falsche Signale über dessen Bonität zu signalisieren, um durch einen entsprechend hohen Emissionserlös die Wahrscheinlichkeit der Bedienung ihrer Kreditforderungen zu erhöhen. Fungiert die Kreditbank jedoch gleichzeitig als Emissionsbank, so dürfte dieser Anreiz zur Übermittlung eines "zu positiven Bonitätssignals" abgemildert werden, da damit Reputationseinbußen auf dem Emissionsmarkt einhergehen würden.

(b) Der verstärkte Wettbewerb um erstklassige Kunden im Emissionsgeschäft trägt insbesondere bei großen Emissionsvolumina zu einem umfassenderen Auswahlprozeß seitens der Emittenten bei. Üblich ist in diesem Zusammenhang etwa die Einladung mehrerer Investment-Banken, die in Präsentationen die Unternehmensvertreter über ihre Stärken, ihr Vorgehen für die konkrete Emission, ihre Vorstellungen über die Bepreisung der Emission etc. informieren ("Beauty Contest"). Wesentliche Voraussetzungen für solche Präsentationen sind eingehende

Informationsbeschaffungsaktivitäten der Investment-Banken hinsichtlich der Bedürfnisse, Zielsetzungen und Auswahlkriterien des Emittenten sowie der Struktur dessen Geschäftsumfeldes.

(c) Zunehmende Konkurrenz schlägt sich auch im verschärften Konditionenwettbewerb zwischen den Investment-Banken nieder, verbunden mit einer Verschiebung der Motivation zur Beteiligung an bestimmten Emissionen: "Im Lichte tendenziell aggressiver konditionierter Anleihen im internationalen Emissionsgeschäft lassen sich als Hauptgründe für eine Teilnahme im Syndikat einer Euro-Emission heute insbesondere Reziprozität mit den anderen Führungsbanken, Beziehungen zum Emittenten und Image-Pflege ("League-Table-Denken") hervorheben." (Schmidt-Chiari, 1989, S. 139). Damit einher geht eine weitgehende Ablösung des "Negotiated Offer", also der Preisverhandlungen zwischen dem Emittenten und einer einzelnen Bank ("Lead Manager") durch das "Competitive Bidding" als Gestaltung des Finanztitels als Ausschreibungsobjekt, verbunden mit einem Bietprozeß der eingeladenen Banken (vgl. Pöhler, 1988, S. 180 ff.).

(2) Beratung des Emittenten

Eine wesentliche Aufgabe der Emissionsbanken kommt der Beratung des Emittenten hinsichtlich der Ausgestaltung und des Ablaufes der Emission zu. Folgende Problemkreise können dabei Gegenstand der Beratung sein (vgl. dazu auch Auckenthaler, 1994, S. 14).

(a) Art und Menge des aufzunehmenden Kapitals

Hinsichtlich der Art der zu emittierenden Finanztitel kann zunächst zwischen der Entscheidung über die Aufnahme von Fremd- oder Eigenkapital und derjenigen über die konkrete Ausgestaltung des jeweiligen Finanztitels unterschieden werden. Erstgenannter Aspekt führt zur Frage der optimalen Kapitalstruktur, definiert als diejenige Kapitalstruktur, die unter gegebenen Bedingungen (z. B. konstantes Investitionsbudget) die durchschnittlichen Kapitalkosten des Unternehmens minimiert (vgl. Jacob/Klein/Nick, 1994, S. 203 f.).

In der Finanzierungstheorie sind drei wesentliche Hypothesen zur Frage nach der Existenz und den Determinanten einer optimalen Kapitalstruktur entwickelt worden:

- Die traditionelle Auffassung, die ein Minimum der durchschnittlichen Kapitalkosten auf den auf Annahmen über das Verhalten der Kapitalgeber bei zunehmender Verschuldung des Unternehmens basierenden gegenläufigen Substitutions- und Risikoeffekten ableitet (vgl. Schmidt, 1986, S. 223 ff.): Mit zunehmender Verschuldung wird teures Eigen- durch billigeres Fremdkapital ersetzt (Substitutionseffekt). Gleichzeitig steigen jedoch ab einem gewissen

Punkt aufgrund des höheren Risikos aus der Kapitalstruktur zunächst die Eigenkapitalkosten, dann auch die Fremdkapitalkosten (Risikoeffekt).

- Die im neoklassischen Modellrahmen vollkommener Kapitalmärkte abgeleitete These der Irrelevanz der Kapitalstruktur für den Unternehmenswert gemäß Modigliani/Miller (1958): Kostenlose Arbitragemöglichkeiten führen zu einer Angleichung der Marktwerte von Unternehmen gleichen Geschäftsrisikos: unabhängig von ihrer Finanzierungsstruktur.

- Die im Rahmen der neoinstitutionalistischen Finanzierungstheorie abgeleitete Relevanz der Kapitalstruktur mit zwei Argumentationslinien: Erstens führt die Berücksichtigung von Agency-Kosten (vgl. dazu Abschnitt 1, 1.3) der Eigen- und Fremdfinanzierung zu einem u-förmigen Verlauf der Ageny- Kosten in Abhängigkeit der Kapitalstruktur. Nach der Analyse von Jensen/Meckling (1976) steigen nämlich die Agency-Kosten des Eigenkapitals mit zunehmendem Eigenkapitalanteil progressiv, während die Agency-Kosten des Fremdkapitals mit zunehmendem Eigenkapitalanteil sinken. Auf diesen Grundüberlegungen aufbauend wurden weitergehende Ansätze innerhalb der agency-theoretischen Kapitalstrukturdiskussion entwickelt (vgl. zu einem Überblick Swoboda, 1991, S. 194 ff.).

Die zweite Argumentationslinie greift auf den Transaktionskostenansatz zurück: Williamson (1988) postuliert die Spezifität des Anlagevermögens als zentrale Determinante der Kapitalstruktur und Eigen- und Fremdkapital als alternative Ausgestaltungsformen der Herrschaft- und Überwachungsstruktur ("Governance Structure"). Diesem Ansatz zufolge wird die Höhe des erforderlichen Eigenkapitalanteils vom Grad der Spezifität des Anlagevermögens bestimmt.

Während das Theorem von der Irrelevanz der Kapitalstruktur für praktische Überlegungen solange zu verwerfen ist, wie dessen Prämissen von den realen Gegebenheiten der Kapitalmärkte wesentlich abweichen (vgl. zu einer entsprechenden Prämissenkritik Albach, 1988), lassen sich aus den beiden übrigen Theoriemodulen unmittelbar Ansatzpunkte für die Beratungsleistungen von Investment-Banken hinsichtlich der Frage der Strukturierung des Kapitalfonds der Unternehmung ableiten.

Beiden Ansätzen gemeinsam ist die Betrachtung der Reaktion von Eigen- und Fremdkapitalgeber auf alternative Verschuldungsgrade des Unternehmens unter Berücksichtigung einer gegebenen Investitionsstruktur. Wahrgenommene Risiken seitens der Investoren aus der Kapitalstruktur beziehen sich einerseits auf das exogene Risiko des Investitionsprogramms und dessen Verteilung auf verschiedene Kapitalgebergruppen bei unterschiedlichen Finanzierungsstrukturen und andererseits in der neoinstitutionalistischen Finanzierungstheorie auf die Verhaltensrisiken bei unterschiedlichen Kapitalstrukturen. Die Kenntnis der Risikowahrnehmung, -bewertung und -transformation in Kapitalkostenforderungen seitens der Anleger wird somit zur Informationsbasis für die Abschätzung der Kapitalkosteneffekte von Kapitalstrukturmaßnahmen.

Markterfahrung und -kenntnis der Investment-Banken können somit als Grundlage für eine entsprechende Beratung des Emittenten hinsichtlich der Entscheidung zwischen Eigen- und Fremdkapital gewertet werden.

Auf der zweiten Ebene sind dann Beratungsleistungen hinsichtlich der konkreten Ausgestaltung des zu emittierenden Fremd- oder Eigenkapitaltitels zu erbringen. Grundlegend hierfür ist das Verständnis eines Finanztitels als Bündel einzelner, nutzenstiftender Eigenschaften (vgl. dazu ausführlich Glaum, 1991). Ausgestaltung des Finanzierungsinstrumentes bedeutet dann Festlegung der die Eigenschaftsausprägungen determinierenden Parameter. Als Ziel kann dabei die Realisierung minimaler Kapitalkosten unter der Nebenbedingung des Absatzes des gewünschten Emissionsvolumens verstanden werden.

Sieht man von Mezzanin-Instrumenten mit Eigenkapitalkomponenten ab, so besteht für Aktien nur ein vergleichsweise enges Spektrum von gestaltbaren Parametern (vgl. Link, 1991, S. 183 ff):

- Festlegung von Aktionärsrechten. Diese lassen sich unterteilen in Verwaltungsrechte (Recht auf Rechenschaft und Information, Stimmrecht) und Vermögensrechte (Recht auf Anteil am Bilanzgewinn und am Liquidationserlös, Bezugsrecht).

  Abgesehen von dem im deutschen Aktiengesetz de jure festgeschriebenen Informationsrecht als unabdingbare Produkteigenschaft ergeben sich im Rahmen der gesetzlichen Vorschriften produktpolitische Gestaltungsmöglichkeiten hinsichtlich der übrigen Rechte. So räumen etwa Vorzugsaktien im Hinblick auf mindestens ein Recht eine Bevorzugung gegenüber Stammaktien ein (absolute Vorzugsaktie). Damit können jedoch auch Nachteile bei anderen Rechten verbunden sein (relative Vorzugsaktien). Die in Deutschland wohl verbreitetste Form der Vorzugsaktie, die stimmrechtslose Vorzugsaktie, ist durch einen Nachteil (Wegfall des Stimmrechtes) zugunsten einer gegenüber den Stammaktien erhöhten Dividende gekennzeichnet.

  Die bei Vorzugsaktien empirisch i. d. R. festzustellende im Vergleich zu Stammaktien niedrigere Marktbewertung wird dann damit erklärt, daß deren Dividendenvorteil durch einen aus den fehlenden Stimmrechten resultierenden Nachteil überkompensiert wird; denn das Interesse potentieller Unternehmensaufkäufer wird sich, um die gewünschte Stimmrechtsposition zu erhalten, primär auf Stammaktien richten (vgl. Hartmann-Wendels/von Hinten, 1989).

- Festlegung des Grades der Übertragbarkeit: Drei wesentliche produktpolitische Ausprägungen sind nach diesem Kriterium zu unterscheiden: Inhaberaktien, Namensaktien und vinkulierte Namensaktien (vgl. dazu Jacob/Klein/Nick, 1994, S. 159).

- Festlegung des Nennwertes und der Stückelung mit Auswirkungen auf den Grad der Attraktivität des Finanztitels für Anleger mit kleineren Anlagevolumina und als "Hindernis" einer beliebigen Teilbarkeit von Finanztiteln.

Bei Fremdkapitaltiteln ergibt sich ein weiteres Spektrum von Gestaltungsparametern, das insbesondere in den letzten Jahren die Entstehung einer Vielzahl von Produktinnovationen ermöglicht hat (vgl. dazu und zum folgenden Dufey, 1995). Drei mögliche Prozesse können der Kreation einer Finanzinnovation zugrundeliegen: Die Aufteilung bestehender Finanztitel in ihre Komponenten, Veränderung bestehender Komponenten von Finanzverträgen und schließlich die Kombination verschiedener Grundelemente von Finanzverträgen.

Jeder Finanzvertrag kann dabei als Kombination bestimmter Ausprägungen folgender Eigenschaften aufgefaßt werden:

- Erwartete Rendite
- Expliziter Zinssatz
- Marktgängigkeit
- Laufzeit/Fälligkeit
- Duration
- Zinsfestschreibung
- Liquidität/Verfügbarkeit
- Währung
- Ausfall-/ Kreditrisiko
- Flexibilität/Optionscharakter
- Ansprüche auf Betriebsgewinne oder
  bestimmte Aktiva finanzieller oder realer Natur.

Die Beratungsleistung der Investment-Banken erstreckt sich hierbei insbesondere auf die Frage, welche Kombination bestimmter Eigenschaftsausprägungen unter der Berücksichtigung unternehmensspezifischer Vorgaben (z. B. Laufzeitanforderungen aus der Finanzplanung etc.) am ehesten dem Ziel einer kostenminimalen Beschaffung eines bestimmten Finanzierungsvolumens gerecht wird. Die Kontakte der Investment-Banken zu den Investoren und ihre Kenntnis deren Anlagebedürfnissen erlauben, die angebotsseitige Betrachtung (Spezifikation des Finanztitels gemäß den Vorgaben der Finanzplanung) um eine marktbezogene Sichtweise zu ergänzen. Als Instrument gelangt dabei in manchen Fällen eine Befragung der Investoren seitens der Investment-Banken zum Einsatz, innerhalb derer die Attraktivität einer bestimmten Eigenschaftskombination für die Investoren auszuloten gesucht wird. Kompositionelle und dekompositionelle, multiattributive Produktbeurteilungs-verfahren des Marketing stellen darüber hinaus Möglichkeiten zu einer stärkeren Strukturierung solcher Befragungen dar (vgl. dazu Klein, 1996).

Neben der Ausgestaltung des Finanztitels kann sich die Beratung auch auf das Emissionsvolumen beziehen. Hierbei steht dann die Frage nach einer

Abstimmung zwischen dem aus der Finanzplanung hervorgehenden Kapitalbedarf einerseits und der Aufnahmefähigkeit bestimmter Finanzmärkte bzw. Investorensegmente für gewisse Finanztitel zu einem gegebenen Zeitpunkt im Zentrum.

(b) Zielmärkte und Zielsegmente der Emission

Die Wahl des bzw. der Zielmärkte, als derjenigen Märkte, an denen der Finanztitel abgesetzt werden soll, für eine Emission als Gegenstand der Beratungsleistungen der Investment-Banken muß insbesondere drei Faktoren berücksichtigen:

- Rechtliche und ökonomische Rahmenbedingungen des Kapitalmarktes (z. B. Devisenbestimmungen, Emissionsgenehmigungsverfahren, Zinsniveau, Wechselkurssituation etc.)

- Attraktivität des Marktes im Hinblick auf die Fähigkeit zur Aufnahme des Emissionsvolumens und auf die ökonomischen, emittenten-unabhängigen Konditionen, z. B. risikofreier Zinssatz für bestimmte Laufzeiten (vgl. dazu Pöhler, 1988, S. 159 ff.)

- Marktposition des Emittenten ("Standing") als Determinante der Bewertung der Emission seitens der Anleger und der daraus resultierenden emittenten-spezifischen Risikoprämie. Unterschiedliche Marktpositionen von Emittenten auf verschiedenen Finanzmärkten und damit einhergehende komparative Kostenvorteile haben zur Entstehung von Swap-Transaktionen, definiert als Zins- und/oder Währungstauschgeschäften beigetragen (vgl. zu den Ursachen detailliert auch Giddy, 1994). Diese Transaktionen erlauben einem Emittenten – trotz vergleichsweise ungünstiger Marktposition auf einem bestimmten Markt – dessen indirekte Inanspruchnahme zu – im Vergleich zu seiner Marktposition – günstigeren Konditionen.

Neben der Auswahl nationaler/internationaler Geld- oder Kapitalmärkte als Zielmärkte der Emission (vgl. dazu auch 3.1) kann die Beratungsleistung von Investment-Banken auch auf zwei weitere Tatbestände gerichtet sein. Zum einen die Frage einer Börsennotierung und die Wahl der Börsenplätze, verbunden mit der Entscheidung über ein Börsensegment. Am deutschen Kapitalmarkt sind drei Börsensegmente zu unterscheiden: Amtlicher Handel, geregelter Markt und Freiverkehr, charakterisiert durch Unterschiede in der Formalisierung des Preisfindungsverfahrens und in dieser Reihenfolge mit abnehmenden Bonitätsanforderungen an den und Informationspflichten des Emitten (vgl. dazu und zu internationalen Usancen Zaß, 1989, S. 284 ff.). Die Verbindung zwischen diesem Entscheidungstatbestand und dem zweiten Aspekt, der Investorensegmentstrategie, ergibt sich aufgrund der Tatsache, daß bestimmte Investorengruppen aufgrund rechtlicher (externer) oder selbstauferlegter (interner) Anlagevorschriften nur Finanztitel erwerben dürfen, die an einem bestimmten Börsenplatz oder in einem bestimmten Börsensegment zugelassen sind. Insofern kann mit diesen Entscheidungen eine Begrenzung des Kreises potentieller Erwerber verbunden sein. Die als Investorensegmentstrategie zu bezeichnende Bestimmung derjenigen Zielgruppen, bei denen die Emission vorzugsweise plaziert werden soll, unterliegt jedoch nicht nur quantitativen, sondern auch qualitativen Überlegungen.

Qualitative Merkmale bestimmter Investorengruppen als Kennzeichnungen ihres Anlageverhaltens und des vorgelagerten Entscheidungsprozesses können zu unmittelbaren und/oder mittelbaren (z. B. über die Kursentwicklung des Finanztitels auf dem Sekundärmarkt) Rückwirkungen für den Emittenten führen.

Als Beispiel für unmittelbare Auswirkungen kann etwa das zwischen Investorengruppen divergierende Informationsverhalten (z. B. hinsichtlich Art und Umfang gewünschter Informationen, Methoden der Informationsübermittlung) angeführt werden, welches unter Umständen segmentspezifische Informationsmaßnahmen des Emittenten erfordert.

Mittelbare Rückwirkungen ergeben sich durch das Transaktionsverhalten bestimmter Anlegergruppen nach der Emission über den Einfluß dieses Verhaltens auf die Kursentwicklung auf dem Sekundärmarkt, welche ihrerseits wiederum die Konditionen einer erneuten Emission auf dem Primärmarkt determiniert.

In diesem Zusammenhang dürfte im Hinblick auf eine Kursstabilisierung insbesondere relevant sein, inwieweit es sich bei bestimmten Investoren eher um kurzfristig agierende, handelsorientierte oder um langfristig orientierte, zu einem dauerhaften Halten des Wertpapieres bereite Anleger handelt.

Darüber hinaus sind Verhalten und Struktur der Anleger ("Investorensegment-Mix") auch entscheidende Faktoren der Liquidität eines Finanztitels auf dem Sekundärmarkt.

Aus diesen Überlegungen folgt, daß Investment-Banken aufgrund der Kenntnis der von ihnen betreuten Investoren den Emittenten hinsichtlich der Investorensegmentstrategie nicht nur unter quantitativen Aspekten beraten können (Anlagevolumina einzelner Investoren), sondern auch bezüglich der qualitativen Merkmale von Investoren (Anlagebedürfnisse, Anlageverhalten). Die Bewertung von im Rahmen des Bookbuilding-Verfahrens Gebote für eine Emission abgebenden Anlegern seitens der Emissionsbank ist eine bereits stärker institutionalisierte Variante dieser Beratungsleistung (vgl. dazu Voigt, 1995).

(c)   Timing der Emission

Die Bestimmung des genauen Emissionszeitpunktes kann ein weiterer Beratungsgegenstand sein. Das Timing wird dabei von zwei wesentlichen Faktoren bestimmt:

- Der Prognose des Emissionszeitpunktes aufgrund der zeitlichen Struktur des Kapitalbedarfes der Unternehmung (vgl. Swoboda/Hartlieb, 1989).

- Der Prognose der Marktentwicklung – auch zur Bestimmung des kurzfristig optimalen Timing.

Insbesondere bei letztgenanntem Punkt kann die Marktkenntnis von Investment-Banken sowie ihr Wissen um weitere geplante Emissionen und deren Zeithorizont ("Emissionkalender") Basis entsprechender Beratungsleistungen sein. Zudem können sie bei Divergenzen zwischen dem durch den unternehmensinternen Kapitalbedarf bestimmten Zeitpunkt und marktbezogenem optimalem Zeitpunkt Vorschläge hinsichtlich einer Beseitigung dieser Diskrepanz (z. B. Maßnahmen der Zwischenfinanzierung) unterbreiten.

Darüber hinaus gilt es bei Timing-Entscheidungen zu beachten, daß unterschiedliche Instrumente und Emissionsprozesse eine kurzfristige Inanspruchnahme von Finanzmärkten und die Ausnutzung günstiger Konditionen begünstigen. Hingewiesen sei in diesem Zusammenhang zum einen auf die Vereinbarung von Rahmenprogrammen bei Commercial Paper, aus denen einzelne Tranchen relativ kurzfristig in Anspruch genommen werden können.

Ebenso wurde mit der "Rule 415" in den USA eine Möglichkeit zur Erhöhung der Timing-Flexibilität der Emittenten geschaffen: Diese sogenannte "Shelf Registration" erlaubt bestimmten – Größen- und sonstige Anforderungen erfüllenden Unternehmen –, ein vergleichsweise großes Volumen an Wertpapieren bei der Securities and Exchange Commission registrieren zu lassen und die Absicht zu signalisieren, diese Wertpapiere in unbestimmten Mengen und zu einem unbestimmten Zeitpunkt innerhalb von zwei Jahren zu verkaufen. Während diese Möglichkeit bei Eigenkapitaltiteln kaum genutzt wird, waren am Ende des Jahres 1991 rund 70 % der Fremdkapitalemissionen (ausschließlich Anleihen öffentlicher Schulden) mit Hilfe dieser Methode begeben worden (vgl. Hayes/Regan, 1993).

(3) Bereitstellung des Emissionskredites

Die Qualitätsunsicherheit der Investoren beim Kauf von Wertpapieren begünstigt Maßnahmen zu deren Reduzierung seitens des Emittenten. Reputationstransfereffekte zwischen Emissionsbanken, die ihre Reputation als Pfand in die Emission einbringen, und Kapitalnehmer können als ein solches Instrument betrachtet werden. Die Reputation der Bank signalisiert dann eine gewisse Qualität der Effekten (vgl. dazu ausführlich 1.3).

(4) Übernahme des Plazierungsrisikos

Übernimmt die Emissionsbank die Funktion des "Underwriting", so kauft sie i. d. R. zunächst die Wertpapiere vom Emittenten zu einem festen Übernahmekurs und versucht sie dann an Anleger abzusetzen. Diese Übernahmezusage der Bank ("firm commitment") ist von sogenannten Best-Effort-Vereinbarungen, wie sie etwa bei der Emission von Commercial Paper am deutschen Markt üblich sind, zu trennen. Beide Verfahren gehen mit unterschiedlichen Risikoprofilen für die Emissionsbank einher: Best-Effort-Vereinbarungen, bei denen Emissionsbanken sich lediglich verpflichten, sich bei der Plazierung von Wertpapieren nachhaltig zu bemühen, belassen de jure das Risiko des Nicht-Absatzes der Wertpapiere beim Emittenten, selbst wenn de facto die Emissionsbank bei Plazierungsschwierigkeiten ex-post dennoch aus geschäftspolitischen Überlegungen zur Übernahme der Wertpapiere bereit sein sollte. Dies erklärt, warum Best-Effort-Vereinbarungen bei Emissionen i. d. R. mit der Bereitstellung von Kreditlinien für den Emittenten ("back-up-line") einhergehen. Diese "back-up-lines" dienen zur Schließung des aufgrund der teilweisen Nicht-Plazierbarkeit der Wertpapiere entstehenden Finanzierungslücke (reduzierter Mittelzufluß aus der Emission). Sie stellen eine Versicherung der vom Emittenten übernommenen Kapitalmarktrisiken dar (vgl. Jacob, 1993).

Bei "firm commitments" hingegen geht das Risiko auf die Emissionsbanken über. Sie übernehmen das Plazierungsrisiko. Dieses setzt sich aus drei Komponenten zusammen (vgl. dazu und zum folgenden Bloch, 1989, S. 248 ff.):

(a) Das sogenannte "Waiting Risk", resultierend aus Problemen der Wahl des optimalen Emissionszeitpunktes bei Marktschwankungen. Auf Möglichkeiten entsprechend flexibler Instrumente zur Reduzierung dieses Risikos hatten wir bereits im Zusammenhang mit Timing-Entscheidungen hingewiesen.

(b) Das Preisrisiko, resultierend aus einer fehlerhaften Festlegung des Emissionspreises in einem stabilen Marktumfeld oder einer hohen Volatilität der Marktentwicklung bei a priori "richtiger" Preisfixierung. Letztgenanntes Teilrisiko hängt in seinem Ausmaß insbesondere von der Zeitspanne zwischen der Preisfestlegung und der Plazierung der Wertpapiere bei den Investoren ab.

(c) Das Marketingrisiko, definiert als partielle oder im Extremfall vollständige Nichtplazierbarkeit der Emission trotz marktgerechter Preisfestlegung. Ursächlich hierfür können Fehler bei der Auswahl geeigneter Investorensegmente als Zielgruppen der Emission und/oder Mängel bei der Ausgestaltung produkt-, kommunikations- und/oder distributionspolitischer Maßnahmen zur Bearbeitung des Zielsegmentes sein. Die Heilung mangelnder Plazierbarkeit über die Gewährung von Preisabschlägen käme dann einer Transformation des Marktrisikos in ein Preisrisiko gleich.

Das aus diesen Komponenten gebildete Plazierungsrisiko kann zum Gegenstand eines bankinternen Risikomanagements werden, bei dem drei Aufgabenfelder zu bewältigen sind:

- Identifizierung und Strukturierung der Risiken.

- Bewertung der Risiken: Beurteilung der Eintrittswahrscheinlichkeiten für Situationen der Inanspruchnahme der Bank aus mangelnder Plazierbarkeit der Effekten oder nicht-marktgerechter Preisfestlegung und Abschätzung der Wirkungen auf die Liquiditätssituation der Bank sowie deren Erfolgsrisikoposition (z. B. Preisrisiken bei Aktienübernahmen, Zins-, Währungs- und Ausfallrisiken bei Anleiheübernahmen).

- Entscheidung über Maßnahmen zur Behandlung der Risiken mit den von den Ressourcen der Bank und ihrer Risikoneigung abhängigen Aktionsalternativen der:

    - vollständigen Risikoübernahme ohne oder mit Selbstversicherung (z. B. Vorhalten von Liquiditätsreserven)

    - Risikobegrenzung und Risikoteilung, z. B. durch Bildung von Emissionskonsortien oder die Beschränkung des garantierten Emissionsvolumens

    - Risikovermeidung in Form des Verzichts auf die Funktion des "Underwriting"

(5) Preisfindung und Plazierung der Wertpapiere

Diese beiden Aufgabenfelder und die damit verbundenen Konzepte werden im nachfolgenden Abschnitt ausführlich behandelt.

(6) Dienstleistungen nach erfolgter Plazierung

Nach erfolgter Plazierung übernehmen die Banken Aufgabenstellungen in drei Bereichen:

(a) Kurspflege: Beteiligung an Kauf-/ Verkaufstransaktionen in dem betreffenden Wertpapier zur Kursstabilisierung und Sicherung der Liquidität auf dem Sekundärmarkt

(b) Börseneinführung: Abwicklung des Börsenzulassungsverfahrens mit dem Kernelement der Erstellung des Börsenprospektes

(c) Verwaltungstechnische Dienstleistungen: Funktion als Hinterlegungs- und Zahlstellen

3.3 Methoden der Preisfindung und Plazierung von Wertpapieren

Wie im vorangegangenen Abschnitt angedeutet, wollen wir uns nun den Konzepten und Methoden der Preisfindung und Plazierung von Wertpapieren zuwenden, die bei der Erfüllung der entsprechenden Aufgaben seitens der Investment-Banken zum Einsatz gelangen. Preisfindung und Plazierung stehen immer dann in enger Beziehung, wenn investorenorientierte Verfahren zum Einsatz gelangen, bei denen feste Übernahmeangebote der Anleger die gemeinsame Basis der Preisfixierung und der Plazierung bilden.

Die Verfahren bilden dann den Übergang von den zunächst behandelten Methoden der Preisfindung zu Fragen möglicher Plazierungsalternativen.

3.3.1 Preisfindungsverfahren

Auf vollkommenen Kapitalmärkten wird die Bestimmung von Preisen für Finanztitel zu einem trivialen Problem. Die normative Portfoliotheorie und der explikative Ansatz des CAPM führen in der Konsequenz zu einer passiven Rolle des Finanzmanagement bei der Preisfindung i. S. einer Anpassung an die Marktbedingungen, also etwa im Rahmen des CAPM die Bestimmung des Emissionspreises auf Basis der Abschätzung des systematischen Risikos eines Finanztitels. Für die Investoren sind in diesem Kontext Finanztitel nichts anderes als Rendite-/ Risiko-Kombinationen: "Because the risk and return characteristics of any given stock can be duplicated in many ways through various combinations of other stocks, there are a great many close substitutes for that stock. Given that abundance of close substitutes, economic theory says that the demand curve for corporate securities should more closely approximate a horizontal line than a sharply downward-sloping one." (Smith, 1988, S. 74 f.). Dies impliziert, daß große Mengen von Wertpapieren vom Markt ohne Abschlag aufgenommen werden; Preis-Mengen-Effekte somit vernachlässigbar sind.

Daß die Preisfindung realiter dennoch ein nicht-triviales Problem darstellt, läßt sich mit Marktunvollkommenheiten und Unvollständigkeiten der Kapitalmärkte erklären, verbunden mit der Unsicherheit des Emittenten über die Verhaltensweisen der Anleger. Einige Aspekte seien beispielhaft skizziert:

- Unvollständigkeiten von Kapitalmärkten können durch die Emission neuartiger Finanztitel, die den bislang unbefriedigten oder nur zu hohen Transaktionskosten abzudeckenden Anlagepräferenzen entsprechen, ausgenutzt werden und zur Erzielung einer über dem eigentlichen Gleichgewichtspreis liegenden Bewertung führen. Zwischen Investoren divergierende Anlagewünsche bzw. unterschiedlich hohe Transaktionskosten der Duplizierung dieses Finanztitels durch Kombination bereits existierender mögen dann unterschiedliche Zahlungsbereitschaften bedingen.

- Individuelle Nachfragekurven nach Finanztiteln hängen nicht nur von der Risiko-Rendite-Relation ab, sondern auch vom Vermögensbestand des Anlegers und Liquiditätsmerkmalen des Wertpapieres (vgl. z. B. Zaß, 1989, S. 278). Vermögens- und Verschuldungsrestriktionen können bei nicht beliebiger Teilbarkeit der Finanztitel dazu führen, daß neue Effekten nicht in dem Maße in das individuelle Portfolio Eingang finden, wie es ihrem relativem Gewicht am Gesamtmarkt entspricht. Unterschiedliche Liquiditätsmerkmale der Wertpapiere können – bestimmte Liquiditätspräferenzen der Investoren vorausgesetzt – zu einer divergierenden Bewertung und Kaufbereitschaft führen.

- Interne und externe Anlagerestriktionen für bestimmte Investorengruppen können den Kreis potentieller Abnehmer begrenzen und eine Ausdehnung des Emissionsvolumens bei konstantem Preis erschweren. Ebenso kann von vorgegebenen Benchmarks der Performance-Beurteilung institutioneller Anleger (z. B. Portfoliomanager), etwa bestimmter Börsenindices (vgl. Steiner/Wittrock, 1995), ein Anreiz ausgehen, nicht in dem entsprechenden Index aufgenommene Wertpapiere zu vernachlässigen.

- Die Rendite-/Risiko-Einschätzung von Finanztiteln mag in Abhängigkeit ihres Informationsstandes und ihrer Informationsbewertung zwischen Anlegern variieren, verbunden mit unterschiedlicher hoher Zahlungs-bereitschaft.

- Die Ankündigung von Wertpapieremissionen kann – eine asymmetrische Informationsverteilung zwischen Management und Investoren vorausgesetzt – eine preisbeeinflussende Signalwirkung haben (vgl. Smith, 1988): Zum einen kann die Emission neuer Wertpapiere als Form der externen Finanzierung als Signal für einen vom Management erwarteten Rückgang aktueller oder zukünftiger Cash-Flows gewertet werden. Zum anderen kann eine Erhöhung des Verschuldungsgrades Informationen über das Vertrauen des Managements in eine positive Entwicklung des Unternehmens implizit übermitteln, während eine Erhöhung des Eigenkapitals als Zeichen mangelnder Zuversicht des Managements in den zukünftigen Geschäftsverlauf interpretiert werden kann.

Darüber hinaus tritt bei Kapitalerhöhungen ein spezifischer Signaleffekt auf: Myers/Majluf (1984) erklären die Kursrückgänge infolge der Ankündigung von Kapitalerhöhungen aus dem von den Anlegern antizipierten Anreiz des Managements, gerade dann Kapitalerhöhungen durchzuführen, wenn sie die Aktien des Unternehmens für überbewertet halten, also etwa ungünstigere Erwartungen als der Markt bezüglich der zukünftigen Entwicklung des Unternehmens haben.

Alle die skizzierten Phänomene können dazu beitragen, daß eine Orientierung des Preises neu begebener Wertpapiere an den Marktkonditionen nicht ausreicht bzw. zu suboptimalen Preisentscheidungen führt.

Der Preisfindungsprozeß für Finanztitel wird damit im Kern zu einem Informationsproblem, welches aus der Unsicherheit über das Verhalten der Anleger resultiert und in dessen Zentrum die möglichen Absatzmengen bei alternativen Preisforderungen bzw. die Frage nach dem markträumenden Preis für ein gegebenes Emissionsvolumen (Mengenfixierung) stehen.

Entsprechende Verfahren zur Lösung dieses Informationsproblems werden nachfolgend für Aktien und Fremdkapitaltitel diskutiert.

3.3.1.1 Preisfindungsverfahren bei Aktien: Bestimmung des Emissionskurses

Zahlungsströme zwischen Emittenten und Investoren als Gegenstand der Preispolitik bei Aktien sind in der Regel bei der Erstplazierung der Aktien und bei den Dividendenzahlungen maßgeblich. Im Emissionsgeschäft der Investment-Banken steht primär erstgenannter Aspekt im Mittelpunkt: Festzulegen ist der Preis, den die Anleger bzw. die Intermediäre bei Risikoübernahme zum Erwerb einer Aktie eines bestimmten Nennwertes, die mit bestimmten Charakteristika ausgestattet ist (Rechte des Aktionärs, vgl. 3.2), zu entrichten haben (Emissionskurs). Der zweitgenannte Entscheidungstatbestand, die periodisch wiederkehrende Frage nach der Höhe der Ausschüttung, (vgl. zu entsprechenden Strategien Link, 1991, S. 261 ff.), kann zwar zum Gegenstand im Beratungsgeschäft der Investment-Banken werden, wird aber an dieser Stelle nicht weiter problematisiert.

Bevor wir uns der Diskussion einzelner Verfahren zur Lösung des Problems "Emissionspreisfindung" zuwenden, ist zunächst zu untersuchen, ob unterschiedliche Arten von Aktienemissionen zu divergierenden Informationsproblemen in Art und Ausmaß führen, die die Anwendung bestimmter Verfahren begünstigen.

In diesem Kontext wird in der Literatur insbesondere auf die Unterscheidung zwischen Kapitalerhöhungen und Aktienerstemissionen ("Initial Public Offerings") hingewiesen.

Während bei Kapitalerhöhungen der Marktpreis der alten Aktien als Basis der Preisfindung für die neuen Aktien dienen kann und zudem den Investoren durch die Publizitätspflichten des Emittenten vergleichsweise umfangreiche Informationen über die Geschäftsentwicklung des Unternehmens zur Verfügung stehen, ist das Problem der Preisbestimmung bei Aktienerstemissionen durch ein höheres Maß an Unsicherheit gekennzeichnet: Weder für den Emittenten noch für die Investoren stehen eine "Kapitalmarktgeschichte" des Unternehmens und entsprechende Marktpreise als Informationsbasis zur Verfügung.

Einen interessanten Sonderfall stellen in diesem Zusammenhang die in den USA bereits seit längerem üblichen (vgl. z. B. Schipper/Smith, 1986), in Deutschland erst in den letzten Jahren zunehmenden Börseneinführungen von

Tochtergesellschaften dar. Dieses Instrument der Konzernfinanzierung, welches als Alternative zu einer Kapitalerhöhung der Muttergesellschaft eingesetzt werden kann, erweist sich dann als vorteilhaft, wenn der Saldo aus der Ausnutzung branchenspezifischer und internationaler Kapitalkostendifferenzen sowie realwirtschaftlicher Veränderungen bei der Tochtergesellschaft und der veränderten Bewertung der Muttergesellschaft nach "Herauslösung" des Tochterunternehmens aus Sicht des Konzerns positiv ist (vgl. dazu ausführlich Nick, 1994). Für das Problem der Preisfindung bedeutet dies, daß zwar einerseits gewisse Informationen über die Tochtergesellschaft verfügbar sind und in dem Marktpreis der Konzernanteile reflektiert werden, jedoch die Bewertung des Konzerns am Kapitalmarkt nicht zu Eigenkapitalkosten führt, die dem gewichteten Durchschnitt der vom Markt normalerweise verlangten Eigenkapitalkosten dessen einzelner Aktivitäten entspricht. Insofern kann die Börseneinführung einer Tochtergesellschaft mit deren Neubewertung verbunden sein, so daß sich die Preisfindung an dem Ergebnis dieser Neubewertung der Investoren zu orientieren hat.

Diese Überlegungen verdeutlichen, daß die Art der Aktienemission Einfluß auf die Informationsbasis des Problems der Aktienpreisfindung hat. Dementsprechend lassen sich verschiedene Verfahren der Emissionspreisfindung nach dem Kriterium der Provenienz der dabei genutzten Informationen unterscheiden. Auf der ersten Ebene kann dabei differenziert werden zwischen:

(1) Verfahren der Emissionspreisfindung auf der Basis der Fundamentalanalyse des Unternehmens

(2) Methoden der Emissionspreisbestimmung mit Hilfe von Marktinformationen

Letztgenannte Gruppe von Verfahren kann weiter untergliedert werden in:

(2a) Verfahren auf Basis der Bewertung bereits gehandelter Finanztitel desselben Emittenten (z. B. Marktpreis alter Aktien)

(2b) konkurrenzorientierte Verfahren, gekennzeichnet durch die Heranziehung der Marktpreise konkurrierender Finanztitel als Informationsbasis

(2c) investorenorientierte Verfahren als Versuch der empirischen Ermittlung von Preisabsatzfunktionen für Finanztitel auf der Grundlage von Investorenurteilen, mit den grundsätzlichen Möglichkeiten der Beobachtung, des Preisexperimentes und der Befragung (vgl. Simon/Kucher, 1988)

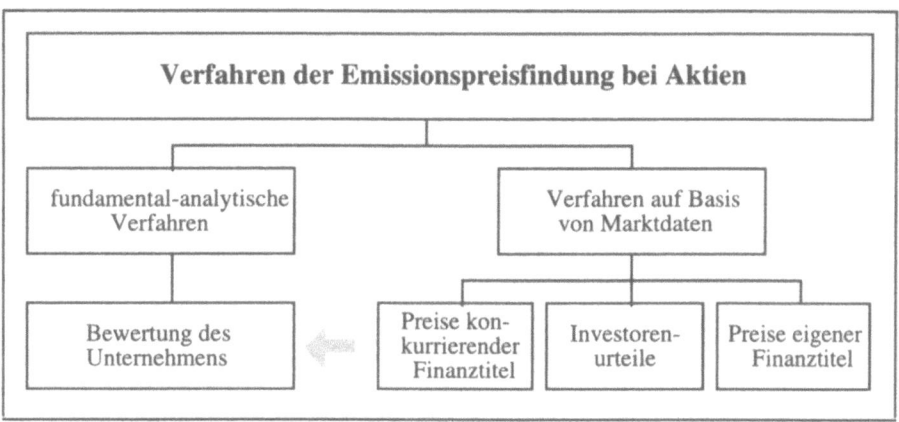

Abbildung 3.1: Verfahren der Emissionspreisfindung bei Aktien

Die Verfahren der Emissionspreisfindung, die ausschließlich auf einer **Fundamentalanalyse** basieren, führen zurück zu Fragen der Unternehmensbewertung (vgl. Kapitel 2).

Aus der Bewertung des Unternehmens wird der Preis für die Aktien in den folgenden zwei gedanklichen Schritten abgeleitet:

- Zunächst wird der "potentielle" Marktwert des zu emittierenden Eigenkapitals über den gesamten Unternehmenswert bestimmt: Marktwert des Eigenkapitals = Unternehmenswert – Markwert des Fremdkapitals.

- Der Preis einer einzelnen Aktie ergibt sich dann durch die Verteilung des Wertes des Eigenkapitals auf die Anzahl anzugebener Aktien:

$$\text{Aktienpreis} = \frac{\text{Wert des Eigenkapitals}}{\text{Anzahl der Aktien}}$$

Der fundamentalanalytische Ansatz dieses Verfahrens kommt darin zum Ausdruck, daß der Unternehmenswert i. d. R. als Gegenwartswert der zukünftigen Cash-Flows des Unternehmens bestimmt wird. Dem auf dieser Basis ermittelten Emissionspreis liegt dann die Überlegung zugrunde, daß der Grenzpreis, den ein Investor für eine Aktie zu zahlen bereit ist, dem Gegenwartswert der auf diese Aktie entfallenden zukünftigen Einzahlungsüberschüsse entspricht. Dementsprechend kann alternativ auch der Versuch unternommen werden, die auf das Eigenkapital entfallenden Zahlungsströme unmittelbar zu schätzen, indem die Cash-Flows um die Zinszahlungen auf das Fremdkapital korrigiert werden.

Bei den bislang geschilderten Verfahren wird nicht gefragt, in welcher Form die Einzahlungsüberschüsse dem Aktionär zufließen (Dividendenzahlungen vs. Kurserhöhungen). Die Ermittlung des Emissionspreises von Aktien allein auf

Basis der erwarteten Dividendenzahlungen, so wie es etwa von Auckenthaler (1994, S. 92 ff.) vorgeschlagen wird, würde hingegen zu folgender Bestimmungsgleichung für den Emissionspreis (P_0) führen:

$$P_0 = \sum_{t=1}^{\infty} D_t / (1 + r)^t$$

Die Gleichung zeigt, daß der Aktienpreis sich demnach als Gegenwartswert aller zukünftigen Dividendenzahlungen (D_t) bei unendlichem Betrachtungshorizont ergibt. Der Abzinsungsfaktor (r) repräsentiert die Opportunitätskosten der Investoren, also etwa die erwartete Verzinsung risikoäquivalenter Anlagemöglichkeiten.

Die Betrachtung eines unendlichen Zeithorizontes, die der fehlenden Fälligkeit von Eigenkapitalanteilen entspricht, ist deshalb notwendig, da somit indirekt die Berücksichtigung von Kurswertsteigerungen durch Transformation in Dividendenzahlungen erfolgen kann. Denn realiter liegt die Dividendenrendite von Aktien bei kurzfristiger Betrachtung i. d. R. deutlich unter der Verzinsung risikoärmerer Anlageformen (z. B. öffentliche Anleihen), so daß – risikoaverse Investoren vorausgesetzt – ein Aktienerwerb nicht erklärbar wäre.

Die wesentlichen Nachteile des dargestellten Verfahrens zur Emissionspreisfindung können in zwei Punkten zusammengefaßt werden:

(a)   Vernachlässigung möglicher Informationsasymmetrien:

Zukünftige, unsichere Einzahlungsüberschüsse bilden die informatorische Basis dieses Verfahrens. Deren Schätzung wird von Insidern durchgeführt (Unternehmen, Emissionsbanken). Divergierende Einschätzungen der Ertragslage des Unternehmens seitens der weniger informierten Investoren (heterogene Erwartungen) bleiben unberücksichtigt.

Damit einher geht die Gefahr, daß von den Investoren geforderte Unsicherheitsabschläge unberücksichtigt bleiben und somit die Plazierung der Aktie durch einen zu hohen Ausgabekurs gefährdet ist. Ein solcher "Abschlag" seitens der Anleger läßt sich auch damit begründen, daß sie bei statischer Betrachtung, welche z. B. bei dem Rückzug von Alteigentümern durch eine vollständige Veräußerung des Unternehmens an der Börse nicht unrealistisch erscheint, den Anreiz des Emittenten zu einer zu positiven Schätzung der Unternehmensentwicklung und darauf aufbauend zur Festlegung eines zu hohen Emissionspreises antizipieren.

Darüber hinaus können auch Informationsasymmetrien zwischen verschiedenen Gruppen von Investoren einen Abschlag auf den fundamentalanalytischen Wert der neuen Aktien bedingen. Rock (1986) bietet einen entsprechenden Erklärungsansatz für das empirisch zu beobachtende Phänomen einer signifikanten positiven Differenz zwischen den Aktienkursen nach Emission und dem Emissionspreis (Underpricing; vgl. dazu Schmidt, 1988, Uhlir/Steiner, 1989): Zwei Gruppen von Anlegern, uninformierte und informierte, werden unterschieden. An aus Investorensicht vorteilhaften Emissionen werden sich die informierten beteiligen, während sie ungünstige Emissionen erkennen und sich bei diesen nicht engagieren. Daraus folgt, daß die uninformierten bei günstigen Emissionen nur eine geringere Zuteilung an Aktien erhalten als bei ungünstigen. Damit diese Investoren sich jedoch nicht gänzlich vom Markt zurückziehen, müssen sie im Durchschnitt der Emissionen ihre geforderte Rendite realisieren. Im Durchschnitt der Emissionen muß daher der Ausgabekurs unter dem Wert der Aktien liegen.

Diese Überlegungen zeigen, daß die Informationsasymmetrien, falls sie nicht durch die Informationspolitik des Emittenten und/oder die Reputation der Investment-Bank (vgl. dazu 1.3) geheilt werden können, zu Abweichungen zwischen dem fundamentalanalytischen Wert der Aktie und dem am Markt realisierbaren Preis führen können. Damit steigt c. p. das Plazierungsrisiko von Neuemissionen bei alleiniger Berücksichtigung von Fundamentalanalysen als Informationsbasis, da diese keine Aussage über die Höhe notwendiger Preisabschläge erlauben.

(b)   Nicht-Berücksichtigung der Marktverfassung

Bei rein fundamentalanalytischer Emissionspreisfindung bleiben auch die aktuellen Marktbedingungen, z. B. Aufnahmefähigkeit des Marktes, Rendite-Risiko-Relation konkurrierender Finanztitel, konkurrierende Emissionen, Index-Entwicklung usw. unberücksichtigt.

Diesem letztgenannten Kritikpunkt versucht man mit Verfahren der Emissionspreisfindung zu begegnen, bei denen eine Einbeziehung von Marktdaten als Informationsbasis, insbesondere die **Marktbewertung konkurrierender Finanztitel**, erfolgt. Als Indikator der Marktbewertung anderer Aktien wird insbesondere folgender Quotient betrachtet:

$$KGV = \frac{\text{Börsenkurs}}{\text{bereinigtes Unternehmsergebnis je Aktie}}$$

Dieser Quotient wird als Kurs-Gewinn-Verhältnis (Price-Earnings-Ratio) bezeichnet. Der Nenner des Quotienten ergibt sich als der um die Ergebnisanteile anderer Gesellschafter und i. d. R. um außerordentliche und periodenfremde Ergebnisfaktoren bereinigte Jahresüberschuß pro Aktie (vgl. Busse von Colbe, 1995, Sp. 597). Diese Kennzahl kann im Sinne einer Pay-off-Betrachtung interpretiert werden: Sie gibt an, wieviele Perioden lang ein bestimmtes Ergebnis pro Aktien erzielt werden muß, damit der Anfangsinvestitionsbetrag (Börsenkurs) amortisiert wird. Das Kurs-Gewinn-Verhältnis einer Aktie kann dann – auch im Vergleich mit denjenigen konkurrierender Aktien – als Maßstab für die relative Preiswürdigkeit der Aktie dienen.

Alternativ wird insbesondere von angelsächsischen Investoren und Analysten anstelle des Gewinns pro Aktie auf den von Unternehmen erwirtschafteten Cash-Flow pro Aktie (Zahlungsstromorientierung) abgehoben und somit das Kurs/Cash-Flow-Verhältnis betrachtet. Gewinn oder Cash-Flow pro Aktie können entweder vergangenheitsorientiert oder aufgrund von Erwartungen über die nachfolgenden Geschäftsperioden bestimmt werden. Internationale und branchenbezogene Kapitalkostendifferenzen bedingen einen Vergleich dieser Kennzahlen mit derjenigen nationaler Gesamtmärkte (z. B. durchschnittliches Kurs-Gewinn-Verhältnis der in einem Aktienindex vertretenen Titel) oder bestimmter Branchen.

Die Bestimmung des Emissionspreises auf Basis solcher Marktinformationen erfolgt dann durch einen Abgleich der Fundamentaldaten des Unternehmens, dessen Aktien emittiert werden, mit den KGV-Kennzahlen des Marktes, so daß drei Stufen zu unterscheiden sind (vgl. Schmitz, 1995, Sp. 517).

(1) Berechnung des Gewinns des präsumptiven Börsenneulings, z. B. durch Prognose des DVFA/SG-Ergebnisses (G_u).

(2) Anpassung an das Börsenumfeld durch die an der Markt- und/oder Branchenbewertung angepaßten Ermittlung eines KGV des Unternehmens (KGV_u).

(3) Berechnung des Emissionspreises aus den in (1) und (2) ermittelten Daten:

a) $\dfrac{G_u}{\text{Anzahl der Aktien}}$ = Gewinn pro Aktie des Unternehmens (G_{uA})

b) $KGV_u = \dfrac{\text{Aktien- (Emissions-) Kurs}}{G_{uA}}$

Kurs = $KGV_u \cdot G_{uA}$

Der Vorteil dieses Verfahrens besteht zunächst in der Berücksichtigung der Marktbedingungen und deren Abgleich mit den Ergebnissen der Fundamentalanalyse. Dennoch sind damit einige Probleme verbunden:

- Die Ermittlung der Marktbewertung vergleichbarer, konkurrierender Finanztitel setzt eine adäquate Abgrenzung des Marktes bzw. Marktsegmentes voraus. Eine Branchenzuordnung des Emittenten dürfte dabei etwa im Fall eines Mischkonzerns Schwierigkeiten bereiten. Zudem bleiben Unterschiede in der Ertrags-/Risikoposition von Unternehmen der gleichen Branche, die etwa aus divergierenden Finanzierungsstrukturen resultieren können, unberücksichtigt. Schließlich muß vorausgesetzt werden, daß auch die potentiellen Investoren und deren Berater (z. B. Finanzanalysten, Anlageberater) den gleichen Vergleichsmaßstab heranziehen.

- Das KGV ist letztlich ein statischer Indikator der Marktbewertung von Aktien, der als Momentaufnahme den aktuellen Börsenkurs und Gewinne für eine bestimmte Periode berücksichtigt. Zukünftige Gewinnentwicklungen und deren Bewertung sowie Veränderungen des Gesamtmarktes, die zu im Zeitablauf sich ändernden Marktbedingungen führen können, bleiben unberücksichtigt. Ebenso bleibt die unternehmensspezifische Gewinnprognose i. d. R. auf eine Periode beschränkt und erlaubt somit nicht die dynamische Berücksichtigung der zukünftigen auf die einzelnen Aktien entfallenden Zahlungen.

- Das Problem möglicher Informationsasymmetrien im Hinblick auf die Gewinnprognose des Unternehmens und die Bestimmung des Vergleichs-KGV besteht bei dieser Methode ebenso wie bei der reinen Fundamentalanalyse.

- Die den Verfahren immanente Idee der Anpassung des Aktienpreises an die Marktbedingungen vernachlässigt die Möglichkeit von zwischen Finanztiteln divergierenden Marktbewertungen aufgrund anderer Faktoren als der Gewinnhöhe (z. B. Liquidität). Zudem wird die Mengenkomponente einer Neuemission nicht berücksichtigt; unklar bleibt, ob am Markt trotz konkurrenzorientiertem Pricing ausreichende Mittel zur Aufnahme des Emissionsvolumens bereitstehen.

Insbesondere die letzten beiden Kritikpunkte legen es nahe, die Preisfixierung für Aktien an Investorenurteilen zu orientieren, um damit eine Schätzung der Preisabsatzfunktion für den zu emittierenden Finanztitel zu ermöglichen, mithin also auch Mengeneffekte zu berücksichtigen.

Grundsätzlich können drei Verfahren der Marktforschung hierbei zum Einsatz gelangen (vgl. Simon/Kucher, 1988):

- die Beobachtung als Erfassung der Reaktionen von Probanden auf sinnlich wahrnehmbare Tatbestände

- das Experiment als Test der Auswirkungen von Marketingvariablen auf das Verhalten der Probanden

- die Befragung als Sammlung von Aussagen der Auskunftspersonen über Beurteilungsgegenstände

Der Einsatz der beiden erstgenannten Erhebungsmethoden im Rahmen der Preisfindung für Finanztitel ist relativ problematisch: Eine Beobachtung der Reaktionen von Investoren auf noch nicht emittierte Finanztitel ist kaum möglich, so daß sich die Beobachtung allenfalls auf ähnliche, vergleichbare, bereits am Markt gehandelte Finanztitel beziehen kann, verbunden mit ähnlichen Problemen wie bei der Ermittlung eines geeigneten Vergleichs-KGV.

Gegen die Durchführung von Experimenten spricht folgende Überlegung: "Eine experimentelle Anordnung bedeutet, daß deren Durchführung und der Absatz quasi uno actu erfolgen. Die Probanden müßten im Grunde die tatsächlichen Investoren sein. Eine Preisfeststellung käme damit lediglich einer nachträglichen Ermittlung der durchschnittlichen Emissionsrendite gleich, während die Preisfixierung bereits mit der Durchführung des Experiments vollzogen wäre. Insofern erscheint das Experiment zur Ermittlung des geeigneten Emissionspreises vor der eigentlichen Offerte nicht anwendbar." (Pöhler, 1988, S. 179).

Die Befragung potentieller Investoren hinsichtlich ihrer Abnahme- und Zahlungsbereitschaft für einen bestimmten Finanztitel hat hingegen bereits breitere Anwendung gefunden. Einerseits wird sie im Rahmen des Tenderverfahrens der Bundesbank eingesetzt, bei dem die Geschäftsbanken Mengen- und/oder Zinsgebote gegenüber der Bundesbank für bestimmte Wertpapiere abgeben (vgl. z. B. Jarchow, 1983, S. 102 ff.), die dann allerdings auch die Grundlage für die Zuteilung und Plazierung der Wertpapiere bilden. Andererseits stellt auch das in den USA bereits seit längerem gebräuchliche, in Deutschland zunehmend Anwendung findende Bookbuilding-Verfahren eine Preisfindungs- und Plazierungsmethode dar, welches auf Investorenbefragungen rekurriert.

Der typische Ablauf dieses Verfahrens sei kurz skizziert (vgl. Voigt, 1995 und Kollar, 1995, Sp. 506 f.): An die Ernennung desjenigen Institutes, welches als Bookrunner fungiert und somit die Preis-/Mengenangaben der Investoren zentral im sogenannten "Buch" erfaßt, schließt sich eine Pre-Marketing-Phase an: Deren Ziel ist die Information potentieller Investoren und deren Berater über den Emittenten und das Chance-Risiko-Profil der Emission. Gleichzeitig werden Gespräche mit Investoren genutzt, um die Spannbreite des auf Basis der Fundamentalanalyse ermittelten potentiellen Emissionspreises zu verdichten.

Die konkrete Marketingphase beginnt dann mit der Bekanntgabe des Preisrahmens für den Emissionskurs. Mit verschiedenen Maßnahmen der finanzmarktbezogenen Kommunikationspolitik wird versucht, bei den potentiellen Investoren die bevorstehende Emission bekannt zu machen und diese zur Abgabe von Angeboten zu bewegen. Dabei sind direkte (One-to-one-meetings, Analystenpräsentationen) und indirekte Kommunikationsmaßnahmen zu unterscheiden. So wird etwa versucht, private Anleger durch ihre Anlageberater anzusprechen. Solche indirekten Kommunikationsinstrumente werden einerseits zur Reduktion der Transaktionskosten der Information eines größeren Kreises potentieller Investoren mit vergleichsweise geringem Anlagevolumen eingesetzt, können aber auch dazu dienen, durch die Einschaltung glaubwürdiger, reputationsstarker Informationsmittler Qualitätszweifel der Kundschaft zu reduzieren.

Kurz nach Beginn der Marketingphase beginnt dann auch die Entgegennahme von Geboten seitens der Investoren. Von Interesse hierbei ist, zu welchem Kurs der jeweilige potentielle Anleger welchen Betrag des zu emittierenden Finanztitels zu kaufen bereit ist. Gelegentlich sind dabei auch Gebote ohne Kursangabe, sogenannte "Billigst-Gebote" zulässig. Zudem können zwei Phasen der Angebotsabgabe unterschieden werden. In der ersten Phase können die Anleger unverbindliche Gebote abgeben. Damit kann sich der Emittent einen ersten Überblick über die Preis-Mengen-Konstellation bilden und u. U. durch Information der Anleger über die bislang eingegangenen Gebote diese zu einer Korrektur ihrer Angebote bewegen (Verschärfung der Konkurrenz um die Emission). Darauf aufbauend werden dann in einer zweiten Phase feste Angebote entgegengenommen. Die bei den einzelnen Konsortialmitgliedern eingehenden Angebote werden an den Bookrunner jeweils weitergemeldet, so daß eine aggregierte Analyse der Preis-Mengen-Gebote ermöglicht wird. Darüber hinaus werden im Hinblick auf die Investoren-Segmentstrategie und den angestrebten Investorenmix auch qualitative Daten über die jeweiligen, insbesondere großen institutionellen Bieter erhoben. Diese umfassen neben dem Namen des Investors, dessen Typ (z. B. Pensionskasse, Versicherungsunternehmen, Fonds), dessen regionale Provenienz sowie dessen präsumptives Anlageverhalten und -strategie (z. B. kurz- versus langfristige Anlageorientierung).

Am Ende des letzten Tages der Order-Entgegennahme erfolgt eine Analyse der erhobenen Daten, z. B. hinsichtlich der Preiselastizität der Nachfrage in verschiedenen Qualitätskategorien. Diese Analyse bildet die Basis zur Festlegung des Emissionspreises, des Emissionsvolumens sowie der Plazierungsstruktur: So wird i. d. R. den Konsortialmitgliedern vorgegeben, wieviele Aktien an bestimmte institutionelle Anleger abzugeben sind (directed allocation). Daneben können auch Teile der Emission zur freien Zuteilung zur Verfügung gestellt werden (free retention). Schließlich ist es nicht unüblich, für bestimmte Investorengruppen Sonderbedingungen festzulegen. So kann etwa das Ergebnis des Bietprozesses der institutionellen Investoren als Basis für den Privatanlegern offerierten Emissionspreis, u. U. je nach Investorensegmentstrategie gemindert um einen Abschlag, herangezogen werden. Ebenso ist es möglich, Investoren, die besonders frühzeitig zur Abgabe verbindlicher Angebote bereit sind, Preiszugeständnisse zu machen. Schließlich kann auch von einem einheitlichen Emissionspreis dergestalt abgewichen werden, daß ein amerikanisches Zuteilungsverfahren gewählt wird: Die Papiere werden dann zum im jeweiligen Gebot genannten Kurs zugeteilt. Dies ermöglicht dem Emittenten die Ausnutzung unterschiedlich hoher Zahlungsbereitschaften der Investoren, birgt jedoch das Risiko eines Vertrauensschadens aufgrund der Ungleichbehandlung der Anleger. Demgegenüber werden beim holländischen Verfahren über dem vom Emittenten akzeptierten Kurs liegende Gebote zugeteilt, während Gebote zu diesem Kurs u. U. nur teilweise bedient werden.

Folgende Vorteile des skizzierten Bookbuilding-Verfahren können genannt werden:

(1) Erhöhung der Flexibilität des Emittenten:

Emissionspreis und Emissionsvolumen können an die Nachfragesituation nach dem Finanztitel angepaßt werden. Die Kenntnis der bietenden Investoren erlaubt zudem die weitgehende Realisierung des gewünschten Investorenmixes und eine investorensegmentspezifische Ausgestaltung des Marketingprogramms (z. B. Preisdifferenzierung, differenzierte Kommunikationspolitik).

(2) Ausnutzung der Konkurrenz um die Emission:

Die Möglichkeit zur Modifzierung der Angebote der Bieter während des Prozesses – etwa nach Bekanntgabe der Bietsituation – kann zu einer Erhöhung des zu realisierenden Emissionspreises beitragen. Ebenso kann die amerikanische Auktionsmethode die Ausnutzung unterschiedlich hoher Zahlungsbereitschaften erlauben.

(3) Sicherstellung einer marktgerechten Preisfestlegung und Reduktion des Plazierungsrisikos:

Die Kenntnis der Preis-Mengen-Gebote reduziert das Risiko, einen zu hohen Preis zu wählen und damit der Gefahr mangelnder Plazierung ausgesetzt zu sein. Das Plazierungsrisiko wird zudem durch die dem Bookbuilding-Verfahren immanente Kombination von Preisfindung und Plazierung verringert: Feste Angebote – zumindest der institutionellen Investoren – führen zu einem geringeren Anteil der Emission, der u. U. nicht zu plazieren ist. Ebenso wird auch die Gefahr der Wahl eines zu geringen Emissionskurses und daraus folgend zu hoher Eigenkapitalkosten für den Emittenten durch die Ermittlung der Zahlungsbereitschaft der Investoren verringert.

Als diesen Vorteilen gegenüberstehende Nachteile wird in der Literatur insbesondere auf zwei Punkte hingewiesen:

- Der vergleichsweise hohe Aufwand des Verfahrens, verbunden mit Fixkosten, die eine Anwendung des Verfahrens nur bei hohen Plazierungsvolumina vorteilhaft erscheinen läßt (vgl. Schmitz, 1995, Sp. 507).

- Die Verlagerung des Bewertungsaufwandes auf u. U. mit geringen Analysekapazitäten ausgestattete Investoren: "Ein Bieten durch den Markt setzt eine Kenntnis des zugrundeliegenden Objekts, der Aktie sowie der dahinterstehenden Unternehmung voraus, die sich nicht auf relativ wenige Kriterien wie bei Fremdkapitaltiteln beschränken kann. Vielmehr muß der aufgezeigte fundamentalanalytische Preisfindungsprozeß von jedem Teilnehmer durchgeführt werden, was insbesondere bei nicht mit eigenen Analysekapazitäten ausgestatteten institutionellen und vor allem individuellen Anlegern kaum möglich ist." (Link, 1991, S. 246 f.).

Gegen den letztgenannten Einwand sprechen nicht nur die Möglichkeiten zur Vereinfachung des Bewertungsproblems der Investoren durch die Vorgabe eines Preisintervalls und/oder die Entlastung bestimmter Anlegergruppen (insbesondere Privatanleger) durch die Beschränkung des Bietprozesses auf institutionelle Anleger, sondern auch folgende Überlegung: Auch beim Festpreisverfahren können die präsumptiven Investoren nicht von der Notwendigkeit zur Analyse der Unternehmensentwicklung entbunden werden; denn, wollen sie sich nicht vollständig auf ein "korrektes" Verhalten von Emittent und Emissionsbanken bei der Fundamentalanalyse verlassen oder haben sie möglicherweise heterogene Erwartungen bezüglich der zukünftigen Unternehmensentwicklung, so müssen sie die Preiswürdigkeit der zu einem festen Preis angebotenen Aktien überprüfen. Diese Überprüfung verlangt aber letztlich auch, daß sie zumindest den vom Emittenten und den Emissionsbanken durchgeführten Bewertungsprozeß nachvollziehen.

Auch im Hinblick auf den erstgenannten Einwand gegen eine verstärkte Anwendung des Bookbuilding-Verfahrens (bei Emissionen mit kleinerem Volumina) lassen sich Gegenargumente finden: Erstens resultiert ein Teil des höheren Aufwandes aus einer zeitlichen Verlagerung von Marketingaktivitäten. Den Verkaufsanstrengungen, die beim Festpreisverfahren nach Festlegung der Konditionen erfolgen, entsprechen die Marketingaktivitäten des Emittenten und der Emissionsbank im Vorfeld und während des Bietprozesses. Eine Veränderung ergibt sich hierbei allenfalls durch eine stärkere Einbeziehung des Emittenten in die Marketingaktivitäten. Die Unterbringung der Aktien ist dann nicht mehr allein von den Verkaufsbemühungen der Banken abhängig. Dem stehen jedoch auch größere Einflußmöglichkeiten des Emittenten z. B. hinsichtlich des gewünschten Investorenmixes oder des letztlich realisierten Emissionsvolumens gegenüber.

Schließlich dürfte auch beim Festpreisverfahren eine Überprüfung möglicher Konditionen auf ihre Marktadäquanz durch Gespräche zwischen Emissionsbank und bestimmten Anlegern vor der endgültigen Preisfestlegung nicht unüblich sein. Insofern wird beim Bookbuilding lediglich eine stärkere Formalisierung dieser Art der "Marktforschung" vorgenommen.

Als letztes Verfahren der Emissionspreisfindung bei Aktien ist auf die **Orientierung an der Marktbewertung eigener, bereits am Markt gehandelter Finanztitel** einzugehen. Diese Methode dürfte insbesondere im Fall der Kapitalerhöhung durch die Ausgabe neuer Aktien Bedeutung zukommen.

Die Eignung dieser Methode zur Bestimmung des Emissionskurses neuer Aktien hängt jedoch davon ab, inwieweit den Altaktionären ein Bezugsrecht gewährt wird. Mit der Gewährung eines Bezugsrechtes für die Altaktionäre entsprechend dem Anteil ihrer bisherigen Beteiligung am Unternehmen wird der Schutz der Vermögensrechte und ihres quotalen Stimmrechtsanteils in der Hauptversammlung bezweckt.

In Deutschland konnte bis vor kurzem das Bezugsrecht nur in Ausnahmefällen ausgeschlossen werden. Mit der zum 1.8.1994 in Kraft getretenen Änderung des § 186 III Aktiengesetz jedoch wurde die Möglichkeit geschaffen, Bar-Kapitalerhöhungen unter Ausschluß des Bezugsrechtes durchzuführen, wenn die Kapitalerhöhung 10 v. H. des Grundkapitals nicht übersteigt und der Emissionspreis den Börsenkurs nicht wesentlich unterschreitet (vgl. Süchting, 1995, S. 92). In den USA hingegen, wo die Vereinbarung von sogenanntem "preemptive rights offering" grundsätzlich möglich ist, wird davon in praxi jedoch kaum Gebrauch gemacht (vgl. Fabozzi/Modigliani, 1992, S. 67). Hier dominiert die bezugsrechtslose Kapitalerhöhung.

Dieser rechnerische Wert eines solchen Bezugsrechtes (B) läßt sich bei angenommener Gleichbehandlung alter und junger Aktien hinsichtlich der Dividendenbevorrechtigung wie folgt berechnen:

$$B = \frac{\text{Börsenkurs der alten Aktien - Bezugskurs der jungen Aktien}}{\text{Bezugsverhältnis} + 1}$$

Man sieht anhand dieser Gleichung, daß der Wert des Bezugsrechtes c. p. umso höher ist, je weiter der Bezugskurs der neuen Aktien unter dem gegenwärtigen Marktpreis der alten Aktien liegt. Dies bedeutet aber dann auch, daß der Anreiz zur Ausübung des Bezugsrechtes c. p. umso größer ist, je größer diese Differenz ist.

Dies gilt entweder für die Altaktionäre selbst oder für diejenigen Marktteilnehmer, die im Rahmen des Bezugsrechtshandels Bezugsrechte von den Altaktionären erwerben und damit zur Teilnahme an der Kapitalerhöhung berechtigt werden.

Diese Überlegung verdeutlicht, daß mit zunehmender Annäherung des Bezugskurses an den Börsenkurs zwar ein höherer Finanzierungseffekt erzielt wird, jedoch sich andererseits auch das Plazierungsrisiko erhöht, da der Vorteil einer Teilnahme an der Kapitalerhöhung gegenüber einem direkten Erwerb der Altaktien an der Börse abnimmt (vgl. Jacob/Klein/Nick, 1994, S. 161). Der Börsenkurs der Altaktie ist somit keine allein ausreichende Basis zur Preisfestlegung bei jungen Aktien.

Bei Ausschluß des Bezugsrechtes hingegen dürfte der Emissionskurs näher beim Börsenkurs der alten Aktien liegen. Jedoch kann es auch in diesem Fall Gründe für ein Unterschreiten des aktuellen Börsenkurses geben. Hingewiesen sei dabei auf folgende Punkte (vgl. Smith, 1988):

- Preis-Mengen Effekte i. S. eines Preisdruckes aufgrund der Ausdehnung der Menge an am Markt angebotenen Aktien der Unternehmung.

- Negative Ankündigungseffekte einer Kapitalerhöhung auf den Kurs der alten Aktien und damit mittelbar auf die Höhe des zu realisierenden Emissionspreises der jungen Eigenkapitaltitel.

- Abschläge auf den Börsenkurs der Altaktie infolge der Befürchtung einer Reduzierung des Gewinns pro Aktie bei Verwendung der durch die Kapitalerhöhung generierten finanziellen Mittel für Investitionen mit geringere Kapitalwerten als die bislang vom Unternehmen durchgeführten Investitionen. Die Bedeutung dieses Effektes dürfte davon abhängen, inwieweit es dem Management gelingt, die Investoren von einer unternehmenswert-erhöhenden Verwendung des durch die Ausgabe junger Aktien generierten Kapitals zu überzeugen.

Diese Effekte können dazu beitragen, daß auch bei Ausschluß des Bezugsrechtes durch eine Orientierung an Marktpreisen der alten Aktien die Unsicherheit des Preisfindungsproblems nicht vollständig beseitigt werden kann. Daher ist es nicht unüblich, auch bei der Emission junger Aktien das Bookbuilding-Verfahren anzuwenden. Der Ausschluß des Bezugsrechtes bietet in diesem Fall den Vorteil, daß der Kreis potentieller Investoren zunächst nicht auf die Altaktionäre beschränkt ist.

3.3.1.2 Preisfindungsverfahren für Fremdkapitaltitel

Der Diskussion verschiedener Methoden zur Preisfindung bei Fremdkapitaltiteln muß eine Definition des Begriffes "Preis eines Fremdkapitaltitels" vorausgeschaltet sein. Die in Analogie zum Preisbegriff bei Aktien ableitbare Gleichsetzung von Emissionskurs und Preis eines Fremdkapitaltitels trägt zwar der Tatsache Rechnung, daß in praxi eine "Feineinstellung" der Rendite durch Variation des Emissionskurses erfolgt (vgl. Reimnitz, 1989), läßt jedoch die Austauschbeziehungen zwischen Emissionskurs, Kouponhöhe, Laufzeit und Rückzahlungskurs außer acht (vgl. Uhlir/Steiner, 1994, S. 22). Diese Faktoren bestimmen die Effektivverzinsung eines Fremdkapitaltitels, die gelegentlich auch mit dem Begriff der (erwarteten) Rendite gleichgesetzt wird. Kurz vor oder zum Emissionszeitpunkt steht dabei die vom Emittenten versprochene Effektivverzinsung im Mittelpunkt der Betrachtung, d. h. es wird gefragt, welche Effektivverzinsung sich aufgrund der vom Emittenten festgelegten Parameter errechnen läßt (Emissionsrendite). Investitionstheoretisch erfolgt diese Berechnung mit Hilfe der Methode des internen Zinsfußes: Gesucht wird derjenige Zinssatz, der zu einem Kapitalwert von Null führt bzw. bei dem sich Anfangsauszahlung und die nachfolgenden, abgezinsten Einzahlungsüberschüsse gerade entsprechen. Aus Sicht der Investoren in Fremdkapitaltitel besteht die Anfangsauszahlung (A_t) in den zu zahlenden Kaufbetrag (bei Abstraktion von Transaktionskosten bestimmt durch den Emissionskurs), und die Einzahlungsüberschüsse (E_t) setzen sich aus den ihnen zufließenden Zins- und Tilgungszahlungen zusammen. Die Laufzeit (T) und die Zahlungszeitpunkte (t = 0,...,T) bestimmen die zu betrachtenden Zeitintervalle. Damit ergibt sich folgende Bestimmungsgleichung für die Effektivverzinsung eines Fremdkapitaltitels (r):

$$A_0 = \sum_{t=1}^{T} \frac{E_t}{(1 + r)^t}$$

Die Auflösung dieser Bestimmungsgleichung nach der gesuchten Größe (r) kann im Fall von in mehreren Perioden auftretenden Einzahlungen mit Hilfe von Interpolationsverfahren erfolgen (vgl. Jacob/Klein/Nick, 1994, S. 64 ff).

Für den rechentechnisch einfacheren Fall lediglich eines Einzahlungsüberschusses, der etwa für das Instrument der Null-Koupon-Anleihe, bei der Zins- und Tilgungszahlungen i. d. R. kumuliert am Ende der Laufzeit dem Investor zufließen, charakteristisch ist, läßt sich die Effektivverzinsung aus obiger Gleichung wie folgt berechnen. R_T bezeichne dabei die Zahlung zum Laufzeitende:

$$A_0 = \frac{R_T}{(1 + r)^T}$$

$$(1 + r)^T = \frac{R_T}{A_0}$$

$$r = \sqrt[T]{\frac{R_T}{A_0}} - 1$$

Wendet man sich nun den Verfahren zu, die das Informationsproblem der Bestimmung einer marktadäquaten versprochenen Effektivverzinsung zu lösen in der Lage sind, so lassen sich zwei wesentliche Methodengruppen unterscheiden:

1. Konkurrenzorientierte Verfahren der Preisfindung
2. Investorenorientierte Verfahren der Preisfindung

Die **konkurrenzorientierten Verfahren** der Preisfindung für Fremdkapitaltitel basieren auf der Idee einer Anpassung der Konditionen des neu zu emittierenden Finanztitels an die geltenden Marktbedingungen. In praxi geschieht diese Anpassung an die Marktbedingungen durch die Analyse der Renditen von Referenzanleihen, die hinsichtlich der Bonität, Laufzeit und der sonstigen instrumentellen Ausstattungsmerkmale eine möglichst große Ähnlichkeit mit dem neu zu emittierenden Fremdkapitaltitel aufweisen (vgl. z. B. Fabozzi, 1995, S. 51).

Um die Vergleichbarkeit zwischen zu emittierender und Referenzanleihe hinsichtlich des Bonitätsrisikos zu ermitteln, wird dabei – wenn existent – auf das Rating der Fremdkapitaltitel zurückgegriffen. Diese Ratings werden von spezialisierten Agenturen, die als Finanzintermediäre mit dominierender Informationsfunktion aufgefaßt werden können, vergeben. Ihre wesentliche Aufgabe besteht darin, "Finanztitel und die dahinterstehenden Emittenten nach qualitativen oder quantitativen Maßstäben zu klassifizieren" (Steiner, 1992, S. 509). Im Fall der hier im Mittelpunkt stehenden Fremdkapitaltitel beurteilt die Rating-Agentur die (zukünftige) Fähigkeit und rechtliche Bindung eines Emittenten zur fristgerechten und vollständigen Bedienung seiner mit einem Fremdkapitaltitel verbundenen Zahlungsverpflichtungen (vgl. Weinstein, 1977, S. 329). Analog zur Kreditwürdigkeitsprüfung auf personalisierten Fremdkapitalmärkten erfolgt somit eine Einschätzung des Bonitätsrisikos. Dabei ist zwischen dem Emissionsrating, das sich auf einen genau definierten Finanztitel eines Emittenten bezieht und weiter nach dessen Laufzeit in kurz- (Finanztitel mit einer originären Laufzeit bis zu einem Jahr) und langfristiges Rating (Finanztitel über einem Jahr) unterteilt werden kann, und dem weniger üblichen Emittentenrating zu unterscheiden.

Die wesentlichen Analysebereiche zur Abschätzung des Bonitätsrisikos sind dabei (vgl. Steiner, 1992, S. 511 ff.; vgl. auch Paul, 1993, S. 136 ff.):

- *Länderrisiko:* Untersuchung der wirtschaftlichen und politischen Stabilität des Sitzlandes des Emittenten

- *Branchenrisiko:* Beurteilung der Zukunftsentwicklung der Branche und der Konkurrenzsituation

- *Unternehmensspezifisches Risiko:* Untersuchung des *Geschäfts- und Finanzierungsrisikos*, wobei bei ersterem die Wettbewerbsposition des Unternehmens auf seinen Absatzmärkten anhand qualitativer Urteile über Technologie, Marketing und Effizienz sowie die Managementqualität und die Strategien beurteilt werden. Bei der Abschätzung des Finanzierungsrisikos stehen die Prognose der zukünftigen Ertragsfähigkeit sowie die Analyse der Kapitalstruktur (z. B. anhand des dynamischen Verschuldungsgrades) im Mittelpunkt, wobei der Leverage vor dem Hintergrund der Variabilität der Erträge (Geschäftsrisiko) beurteilt wird.

- *Titelspezifisches Risiko:* Beurteilung der Art und Ausstattung des Fremdkapitaltitels, insbesondere auch hinsichtlich der Rangordnung und der Sicherheitenstellung

Diese Analyse bildet die Grundlage für die Entscheidung des Rating-Kommitees über das festzulegende Rating. Dieses wird vor Veröffentlichung zunächst der Unternehmensleitung bekanntgegeben, die dann die Möglichkeit besitzt, durch die Übermittlung zusätzlicher Informationen eine Überprüfung und ggf. Änderung des Rating durch die Agentur herbeizuführen. An diese endgültige Entscheidungsfindung schließt sich die Publikation des Rating an, die entweder – wie bei den beiden marktführenden Agenturen üblich – durch die Herausgabe entsprechender Pressemitteilung an die wichtigsten Finanzmedien sehr breit angelegt ist oder insbesondere bei Agenturen mit starker Abhängigkeit von den Erträgen ihrer Subskribenten nur in ihren eigenen Informationsmedien erfolgt. Dabei wird die Einordnung einer bestimmten Emission in eine der Rating-Kategorien, die durch Symbole wie z. B. Aaa bzw. AAA bezeichnet werden, bekanntgegeben sowie vor allem in den Publikationen der Agenturen eine Beschreibung der Emission und des Emittenten sowie eine Kurzfassung der wesentlichen Ratingüberlegungen.

Schließlich unterliegt jede ursprünglich geratete Emission der fortlaufenden Überwachung durch die Agentur, wobei die Emission in einer jährlich stattfindenden Konferenz mit der Unternehmensleitung einer Revision unterzogen wird, die zu einer Änderung des Rating führen kann; gibt es Hinweise auf eine mögliche Rating-Änderung, so wird die entsprechende Anleihe in eine meist wöchentlich publizierte Liste (z. B. "CreditWatch" von Standard and Poor's oder "WachList" von Moody's) aufgenommen (vgl. Hoffmann, 1991, S. 72 f.)

Die Heranziehung solcher Ratings im Rahmen des Preisfindungsprozesses für Fremdkapitaltitel kann dann wie folgt beschrieben werden: "Da für die Bewertung einer Anleihe (...) das wahrgenommene Bonitätsrisiko von elementarer Bedeutung ist, muß eine Vergleichbarkeit von Emittenten u. a. in bezug auf das Bonitätsrisiko gegeben sein. Das Rating stellt einen Maßstab zur Messung des Bonitätsrisikos dar. Der Emissionskurs einer Anleihe kann daher nach den Kursen ausgerichtet werden, die für Anleihen mit gleicher Ausstattung und gleichem Rating notiert werden." (Everling, 1991, S. 257).

Als wesentlicher Vorteil der konkurrenzorientierten Preisfindung für Fremdkapitaltitel ist auf den damit verbundenen vergleichsweise geringen Aufwand hinzuweisen. Dies gilt selbst unter Berücksichtigung der zu zahlenden Rating-Gebühren, wenn man berücksichtigt, daß dem Rating über die Erleichterung der Preisfindung hinausgehende Nutzenaspekte zugeordnet werden können. Zu denken ist hierbei etwa an Anlagevorschriften angelsächsischer institutioneller Anleger, die nur Anleihen mit bestimmten Ratings erwerben dürfen. Das Rating des zu emittierenden Fremdkapitaltitels wird damit zur Voraussetzung der Gewinnung solcher Investorengruppen. Aber auch für Anleger, die nicht entsprechenden Vorschriften unterliegen, kann das Rating zur transaktionskostengünstigen Bonitätsbeurteilung von verschiedenen Emittenten/Emissionen nützlich sein.

Diesem Vorteil der konkurrenzorientierten Preisfindung stehen jedoch zumindest zwei bedeutende Nachteile gegenüber:

- Die Existenz einer geeigneten Referenzanleihe ist unabdingbare Voraussetzung für die Anwendung des Verfahrens. Dies dürfte insbesondere bei Finanzinnovationen, die noch an keinem Markt gehandelt werden, die Anwendung dieses Verfahrens behindern. Hier ist nach theoriegeleiteten Modellen einer "fairen" Preisbestimmung (z. B. auf Basis des

Optionspreismodells von Black-Scholes) zu suchen. Darüber hinaus können fehlende Ratings die Identifizierung bonitätsrisikoäquivalenter Fremdkapitaltitel zur Abschätzung einer marktadäquaten Risikoprämie erschweren. Aber selbst, wenn das Rating von Fremdkapitaltiteln an einem Markt üblich ist, muß von einer stabilen Beziehung zwischen Ratingeinstufungen und Effektivzinsforderungen der Investoren ausgegangen werden können (vgl. dazu kritisch Steiner, 1992).

- Die konkurrenzorientierte Preisfestlegung vernachlässigt Preis-Mengen-Effekte. Die Wahl eines an die Verzinsung hinsichtlich der instrumentellen Ausstattung und des Ausfallrisikos äquivalenten Fremdkapitaltitels angelehnten Preises berücksichtigt nicht, ob der Markt das Neuemissionsvolumen zum Emissionszeitpunkt aufzunehmen bereit ist.

Beide genannten Problemkreise deuten darauf hin, daß auch bei Fremdkapitaltiteln **investorenorientierte Preisfindungsverfahren** Vorteile aufweisen können (vgl. dazu 3.3.1.1). Um solche Methoden einzusetzen, also in einem auktionsähnlichen Verfahren Gebote der Investoren zu ermitteln, muß allerdings sichergestellt sein, daß Marktzinsänderungen während der Durchführung des Verfahrens Berücksichtigung finden. Dies kann insbesondere durch die Wahl einer bonitätsrisikolosen Referenzanleihe erfolgen, deren Verzinsung um die emittentenspezifische Risikoprämie korrigiert wird. Die Gebote der Anleger beziehen sich dann auf den Spread zwischen der risikolosen Effektivverzinsung und der Effektivverzinsung des neu zu emittierenden Fremdkapitaltitels. Dieses Vorgehen ist etwa charakteristisch für das in den USA und Großbritannien bereits seit längerem praktizierte "fixed price re-offer"-Verfahren und bietet für die Emissionsbanken den Vorteil einer Reduzierung des Zinsänderungsrisikos (vgl. Schmitz, 1995, Sp. 519).

3.3.2 Plazierungsverfahren

Während die bisher behandelten Aufgaben von Investment-Banken im Emissionsgeschäft im wesentlichen in beratenden Dienstleistungen bestanden, wollen wir uns nun mit der Behandlung verschiedener Plazierungsverfahren der Distributionsfunktion zuwenden. Diese Funktion zielt auf die Unterbringung der vom Emittenten begebenen Wertpapiere bei anlagesuchenden privaten und/oder institutionellen Investoren. Hier wird die zwischen Emittent und Anleger angesiedelte intermediäre Rolle der Investment-Banken besonders deutlich.

Verschiedene Plazierungsarten lassen sich zunächst nach den Kriterien Anzahl und Art der anvisierten potentiellen Erwerber unterscheiden. Bei **Privatplazierungen** wird ein begrenzter Kreis von Investoren mit vergleichsweise hohem Anlagevolumen angesprochen, die jeweils eine relativ große Mindestmenge der Emission abnehmen können bzw. müssen. Demgegenüber werden bei **öffentlichen Plazierungen** die Wertpapiere i. d. R. einer Vielzahl unterschiedlicher Anleger angeboten. Damit wird nicht nur eine u. U. nicht gewünschte Konzentration auf einige Großanleger vermieden, sondern auch durch die üblicherweise vorgesehene Börseneinführung die Handelbarkeit des Finanztitels erhöht, woraus eine Reduktion der expliziten Kapitalkosten für den Emittenten folgen kann (vgl. Schmitz, 1995, Sp. 519). Allerdings stehen diesem Vorteil nicht nur die Kosten der Börseneinführung sowie der Bekanntmachung der Emission bzw. der Emittenten beim Publikum gegenüber (vgl. dazu die Ausführungen zu den Investor Relations unter 1.1), sondern auch eine Reduktion der Flexibilität hinsichtlich der instrumentellen Ausgestaltung und der Konditionen der Emission. Während nämlich bei Privatplazierungen der begrenzte Umfang der Zielgruppe der Plazierung eine vergleichsweise transaktionskostengünstige Abstimmung der Ausgestaltung des Finanztitels sowie dessen Preises mit den Interessen der Investoren erlaubt (vgl. dazu auch 3.2), weisen Finanztitel bei öffentlichen Emissionen einen hohen Standardisierungsgrad auf. Zudem sind spätestens mit dem Zeitpunkt der Registrierung Konditionenveränderungen und sonstige Anpassungsmaßnahmen weitgehend ausgeschlossen (vgl. Pöhler, 1988, S. 239).

Eine weitergehende Beschreibung und Klassifikation von Verfahren, die insbesondere im Zusammenhang mit öffentlichen Plazierungen zum Einsatz gelangen können, setzt an unterschiedlichen Sequenzen von Preisfindung, Plazierung und Börseneinführung an (vgl. dazu auch Abbildung 3.2).

Abbildung 3.2: Systematisierung von Plazierungsverfahren

So ist die Auflegung zur **öffentlichen Zeichnung** dadurch gekennzeichnet, daß zunächst eine Festlegung der Konditionen erfolgt. Die Investoren werden dann aufgefordert, Mengebote innerhalb einer bestimmten Zeichnungsfrist (in praxi zwischen einem Tag und zwei Wochen) zu diesem Preis abzugeben. Bei Überzeichnung der Emission kann die Zeichnungsperiode frühzeitig beendet sowie eine Repartierung der Zeichnungsaufträge vorgenommen werden. An die auf den Mengenangeboten basierende Zuteilung der Wertpapiere schließt sich dann i. d. R. die Börseneinführung der Wertpapiere an. Der grundlegende

Nachteil dieses Plazierungsverfahrens läßt sich analog zu den Problemen der nicht primär investorenorientierten Preisfindungsverfahren (vgl. dazu 3.2.1) formulieren: Eine Anpassung der Konditionen und des Emissionsvolumens an die Nachfrage kann normalerweise nicht mehr erfolgen, da beide Größen bereits zu Beginn der Zeichnungsfrist festgelegt werden. Dies führt u. U. zu einem erhöhten Plazierungsrisiko. Eine Steuerung des Investorenkreises kann in engen Grenzen lediglich im Fall einer notwendigen Repartierung erfolgen, birgt jedoch die Gefahr von Vertrauensschäden aufgrund einer wahrgenommenen Ungleichbehandlung von Anlegern.

Um diesen Nachteilen zu begegnen und zudem den Wettbewerb zwischen Investoren um eine bestimmte Emission auszunutzen, wird bei der zweiten Gruppe von Plazierungsverfahren eine Kombination von Preisfindung und Plazierung angestrebt. Preis-Mengen-Gebote der Anleger bilden die Basis für dieses Vorgehen.

Neben den bereits behandelten **Tender- und Bookbuildingverfahren** (vgl. 3.2.1.1), denen ein auktionsähnlicher Charakter aufgrund der Orientierung der Plazierung an den Gesamtgeboten der Anleger zugeprochen werden kann, weisen noch zwei weitere Plazierungsmethoden vergleichbare strukturelle Merkmale auf. So können die Emissionsbanken beim **freihändigen Verkauf** die ihnen zugeteilten Quoten ab einem bestimmten Zeitpunkt frei verkaufen. Wenngleich die Banken die Wertpapiere zu einem festen Preis übernehmen, so kann bei dem sukzessiven Weiterverkauf an die Investoren eine Anpassung des Preises an sich verändernde Marktbedingungen vorgenommen werden. Typischerweise erfolgt eine börsentägliche Zuteilung der Wertpapiere; Gebote der Investoren werden somit in der Reihenfolge ihres Eingangs abgewickelt. Darüber hinaus besteht ein zentraler Unterschied zum Bookbuilding-Verfahren in i. d. R. festen Quote für das einzelne Institut, so daß Mengenvariationen ausgeschlossen sind. Schließlich hat auch der Emittent eine geringe Kontrolle hinsichtlich des Kreises der Investoren, bei denen die Finanztitel untergebracht werden. Für die Emissionsbanken bietet die mögliche Anpassung des Verkaufspreises an die Marktbedingungen den Vorteil der Reduktion des Plazierungsrisikos. Sie tragen allerdings – bei festem Übernahmepreis – auch das Risiko einer Verschlechterung der Marktbedingungen während der Plazierungsperiode und der daraus resultierenden Verringerung des zu erzielenden Preises bei Verkauf an die Anleger. Das Plazierungsrisiko transformiert sich somit in ein Preisrisiko.

Bei dem zweiten in diesem Kontext zu behandelnden Verfahren, der sogenannten **"fixed price Reoffer"-Methode**, welche – aus dem angelsächsischen Raum übernommen – in Deutschland vorwiegend bei der Plazierung von DM-Auslandsanleihen eingesetzt wird, führt die Vereinbarung eines die Risikoprämie des Emittenten kennzeichnenden Spreads über einer bonitätsrisikolosen Referenzanleihe ähnlicher instrumentellen Ausgestaltung zu einer Reduktion des gerade angesprochenen Risikos der Emissionsbanken (hier:

Zinsänderungsrisiko). Das Verfahren läßt sich darüber hinaus durch folgende Ablaufschritte kennzeichnen (vgl. Kollar, 1995, Sp. 505 f.):

(1) Vereinbarung eines Spreads über der Referenzanleihe zwischen dem Emittenten und den Emissionsbanken ("Open pricing") in Form einer Preisspanne

(2) Zusammenstellung des Konsortiums und Befragung der Anleger hinsichtlich ihrer Preisvorstellungen und Kaufbereitschaft seitens der Konsortialbanken

(3) Endgültige Preisfixierung zu einem zuvor festgelegten Termin sowie Plazierung der Anleihen zu dem festgelegten Preis ("fixed reoffer price")

Die Simultaneität von Preisfindung und Plazierung kommt bei diesem Verfahren durch die – wenn auch gegenüber dem Bookbuilding in geringerem Maße strukturierte und standardisierte – Befragung der Anleger seitens der Emissionsbanken zum Ausdruck. Diese Befragung bildet nämlich die gleichzeitige Basis für die endgültige Preisfestlegung für die Emission sowie deren Plazierung.

Schließlich ist auf eine Plazierungsmethode hinzuweisen, bei der zunächst eine Börseneinführung der Emission erfolgt, an die sich dann die **Plazierung der Wertpapiere über die Börse** anschließt. Durch die sukzessive Plazierung der Finanztitel können die sich jeweilig ergebenden Börsenkurse die Preisfindung erleichtern. Diesem Verfahren kommt allerdings in praxi kaum Bedeutung zu. Dies dürfte nicht nur daran liegen, daß eine solche Plazierung vergleichsweise zeitaufwendig ist, sondern auch daß zu Beginn der Plazierungsperiode eine mangelnde Liquidität des Titels an der Börse die Bildung marktgerechter Preise als Basis weiterer Verkäufe erschweren dürfte.

3.4 Die Bildung von Emissionskonsortien

3.4.1 Das Entscheidungsproblem

Bislang haben wir generell von Emissions- bzw. Konsortialbanken gesprochen, ohne auf die Frage nach Anzahl, Art und Aufgabenstellungen einzelner Institute, die als Intermediäre am Emissionsprozeß beteiligt sind, differenziert einzugehen. Diesem Problemkomplex wollen wir uns nun widmen. In diesem Abschnitt sei zunächst die Grundstruktur der Entscheidung über die Anzahl der in dem Distributionsvorgang von Wertpapieren einzubeziehenden Investment-Banken erläutert. Darauf aufbauend wird dann unter 3.4.2 eine differenzierte Darstellung der durch verschiedene Funktionen charakterisierten Typen von Konsortialmitgliedern vorgenommen.

Hinsichtlich der Anzahl einzubeziehender Distributionsmittler lassen sich zunächst in Anlehnung an das Produktmarketing drei mögliche Optionen unterscheiden:

(1) Exclusive Distribution:

Vertrieb der Finanztitel über einige wenige, nach bestimmten Kriterien (z. B. Plazierungskraft) ausgewählte Banken, oft verbunden mit einem regionalen Ausschließlichkeitsrecht. Letzteres wird im Emissionsgeschäft auch als "Ringfence" Syndizierungsverfahren bezeichnet, bei dem den Konsorten geographische Verkaufsbeschränkungen auferlegt werden, während beim "Free-for-all"-Vorgehen jedes Syndikatsmitglied Abnehmer in allen Regionen bedienen kann (vgl. Schumann, 1989, S. 66).

(2) Selektive Distribution:

Hier wird zwar keine regionale Verkaufsbeschränkung vorgeschrieben, jedoch werden aus der Menge möglicher Emissionsbanken nur vergleichsweise wenige nach bestimmten Kriterien zur Teilnahme an der Emission eingeladen.

(3) Intensive Distribution:

Aus dem Ziel einer Ubiquität der angebotenen Finanztitel folgt bei dieser Alternative die Einschaltung möglichst vieler Distributionsmittler.

Vor- und Nachteile einer Ausdehnung der Zahl eingeschalteter Emissionsbanken, deren relatives Gewicht die Auswahl einer der skizzierten Distributionsstrategien bestimmt, lassen sich wie folgt zusammenfassen:

Als wesentlicher Vorteil aus Sicht des Emittenten ist zunächst auf den erhöhten Wettbewerb zwischen mehreren Emissionsbanken um den ihnen zuzuteilenden Quoten zu verweisen.

Dieser Wettbewerb mag zu einer Verstärkung der Bemühungen der Banken, adäquate Abnehmer für die Emission zu finden und einen marktgerechten Preis zu erzielen, verstärken. Andererseits kann jedoch aus Sicht des einzelnen Instituts die Wahrnehmung eines starken Wettbewerbs die Beteiligung am Konsortium wenig attraktiv erscheinen lassen, wenn eine zu geringe Quote antizipiert wird (vgl. dazu auch Schmidt-Chiari, 1989, S. 139).

Weitere Vorteile eines größeren Emissionskonsortium können in der Erhöhung des Plazierungserfolges im qualitativer und quantitativer Hinsicht sowie in der Möglichkeit zur Risikoteilung gesehen werden (vgl. z. B. Pöhler, 1988, S. 201). Beide Faktoren hängen eng zusammen, da das Plazierungsrisiko als Objekt der möglichen Risikoteilung in seiner Höhe von der Plazierungskraft der Institute abhängt. Zudem wird die Bedeutung beider Größen von dem zu plazierenden Emissionsvolumen im Verhältnis zu der Liquiditäts- und Kapitalausstattung des einzelnen Institutes sowie Anzahl und Qualität dessen Kontakten zu den der Zielgruppe der Emission zugehörigen Investoren bestimmt.

Der zentrale Nachteil einer Ausweitung des Emisssionskonsortiums liegt hingegen in der Erhöhung der Transaktionskosten. Neben Such-, Anbahnungs- und Vereinbarungskosten in der Phase der Konsortialbildung sind davon insbesondere die Kosten der Koordination und Kontrolle der Konsorten nach erfolgter Zusammenstellung betroffen. Angesprochen sind hiermit einerseits die Abstimmung zwischen den einzelnen Mitgliedern hinsichtlich des Preises der Emission sowie weiterer Elemente der Marketingstrategie und andererseits die Frage der Konsortialdisziplin etwa bezüglich der Einhaltung einheitlicher Abgabepreise oder regionaler Verkaufsbeschränkungen (vgl. dazu auch Reimnitz, 1989).

Als Synopse läßt sich das Problem der Bestimmung der Anzahl der Konsortialmitglieder als Trade-off zwischen der Erhöhung des Plazierungs- erfolges, der Ausnutzung des Wettbewerbs zwischen den Instituten sowie der Möglichkeit einer Risikoteilung einerseits und der Erhöhung der mit der Konsortialbildung und Plazierungsabwicklung verbundenen Transaktions-kosten andererseits kennzeichnen.

3.4.2 Typen von Konsortialmitgliedern

Emissionskonsortien, rechtlich i. d. R. als Gesellschaft bürgerlichen Rechts mit begrenzter Existenzdauer organisiert, setzen sich aus mehreren Mitgliedern zusammen, die unterschiedliche Funktionen innehaben können. Während in Deutschland typischerweise Übernahmekonsortien gebildet werden, deren Mitglieder gleichzeitig die Beratung des Emittenten, die Übernahme der Wertpapiere zu einem Festpreis, deren Plazierung sowie gegebenenfalls die Börseneinführung als Aufgaben übernehmen, hat sich im angelsächsischen Raum und bei internationalen Emissionen (z. B. auf dem Euromarkt) eine Struktur von Emissionskonsortien mit verschiedenen Bankengruppen herausgebildet, die jeweils durch einen unterschiedlichen Aufgabenumfang gekennzeichnet sind. Abbildung 3.3 zeigt schematisch eine solche Struktur.

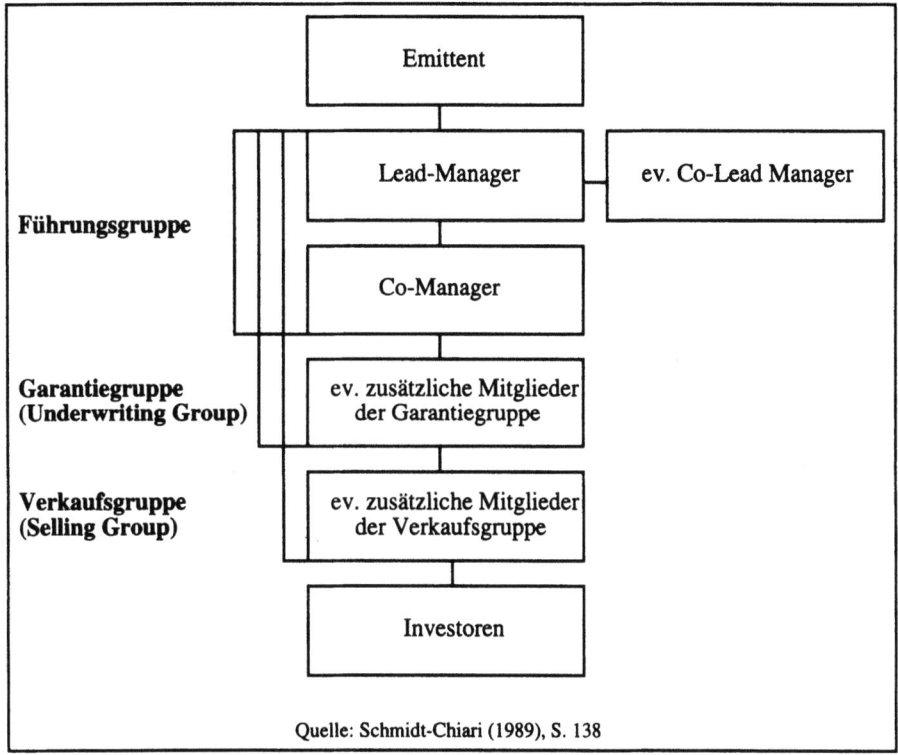

Abbildung 3.3: Struktur von Emissionskonsortien

Die Mitglieder der Führungsgruppe, die vom Lead-Manager in Abstimmung mit dem Emittenten zusammengestellt wird, zeichnen sich dadurch aus, daß sie ein höheres Underwriting Commitment übernehmen als die übrigen Banken mit Übernahmefunktion. Sie stehen zudem in vergleichsweise engem Kontakt zum Emittenten, was sich nicht nur, insbesondere im Fall des Lead-Managers, in der Beratung des Emittenten im Vorfeld und während der Emission niederschlägt, sondern auch den Aufbau von längerfristigen Geschäftsbeziehungen erlaubt.

Die Einladung weiterer Banken mit geringeren Übernahmeverpflichtungen determiniert dann den Umfang und die Zusammensetzung der Garantiegruppe. Art und Ausmaß der von den Banken übernommenen Risiken hängen prinzipiell zunächst von Vereinbarungen hinsichtlich der Preis- und Mengenkomponenten von Emissionen ab. Unterscheidet man bei der Preiskomponente zwischen einer Fixierung der Konditionen bei Mandatierung des Lead-Managers (Advanced pricing) und einem "Offenlassen" der Konditionen bis kurz vor der Emission (Open pricing) und differenziert bei der Mengenkomponente entsprechend einer vertraglichen Fixierung einer festen Übernahmeverpflichtung, so ergeben sich die in nachfolgender Abbildung dargestellten möglichen Risikoübernahmeformen:

Preis- komponente \ Mengen- komponente	Firm commitment	optionsweise Übernahme	Best efforts
Open Pricing	I "verbindliche Offerte"	III	V
Advanced Pricing	II "Bought deal"	IV	VI

Quelle: Pöhler (1988), S. 197

Abbildung 3.4: Risikoübernahmeformen

Bei Firm Commitments garantieren die Underwriter den Absatz bzw. die Übernahme des Emissionsvolumens, während bei Best-Effort-Vereinbarungen die Banken lediglich ihr nachhaltiges Bemühen bei der Plazierung der Wertpapiere zusagen. Solch eine Vereinbarung wird typischerweise bei der Emission von Commercial Paper getroffen. Bei der optionsweisen Übernahme schließlich handelt es sich um eine Mischform der beiden erstgenannten Alternativen: Der Lead Manager sagt nur einen bestimmten Teilbetrag fest zu, hat aber das Recht, jedoch nicht die Pflicht (Option), bei bestehenden Absatzchancen weitere Teile des Emissionsvolumens zu übernehmen. Jede der skizzierten alternativen Vereinbarungen führt zu unterschiedlichen Risikoprofilen für die Emittenten und die Emissionsbanken.

Schließlich können noch weitere Banken zur Teilnahme am Konsortium eingeladen werden, denen allerdings eine reine Distributions- und keine Risikoübernahmefunktion zukommt. Zusammen mit den Mitgliedern der Garantiegruppen bilden diese dann die Verkaufsgruppe.

Insbesondere bei großen, globalen Emissionen ist es zudem üblich, die skizzierte Struktur des Emissionskonsortiums in der Weise zu multiplizieren, daß neben der globalen Führungsgruppe, bei der die aus allen Regionen kommenden

Gebote zusammenlaufen und die die Koordination der Banken in den verschiedenen Regionen übernimmt, für einzelne Regionen Konsortien – bestehend aus Leadern, Mitgliedern der Garantie- sowie der Verkaufsgruppe – gebildet werden.

4 Literaturverzeichnis

Albach, H. (1988): "Finanzierungsregeln" und Kapitalstruktur der Unternehmung, in: Christians, W. F. (Hrsg.): Finanzierungshandbuch, 2. Auflage, Wiesbaden 1988, S. 599 – 626.

Albach, H. (1988): Kosten, Transaktionskosten und externe Effekte im betrieblichen Rechnungswesen, in: ZfB, 58 (1988), S. 1143 – 1170.

Albach, H. (1988a): "Finanzierungsregeln" und Kapitalstruktur der Unternehmung, in: Christians, F. W. (Hrsg.): Finanzierungshandbuch, 2. Auflage, Wiesbaden 1988, S. 599 – 626.

Arbeitskreis Finanzierung der Schmalenbach-Gesellschaft (1992): Asset Backed Securities – ein neues Finanzierungsinstrument für deutsche Unternehmen, in: ZfbF 6/1992, S. 495 – 530.

Auckenthaler, C. (1994): Finanzmathematische Grundlagen des Investment Banking, Bern et al. 1994.

Ballwieser, W. (1991): Unternehmensbewertung mit Hilfe von Multiplikatoren, in: Rückle, D. (Hrsg.): Aktuelle Fragen der Finanzwirtschaft, Wien 1991, S. 47 – 66.

Ballwieser, W. (1995): Unternehmensbewertung, in: Gerke, W./Steiner, M. (Hrsg.): Handwörterbuch des Bank- und Finanzwesens, 2. Auflage, Stuttgart 1995, Sp. 1867 – 1882.

Balvers, R. J./Mc Donald, B./Miller, R. E. (1988): Underpricing of New Issues and the Choice of Auditor as Signal of Investment Banker Reputation, in: Accounting Review, 63 (1988), S. 605 – 622.

Barnea, A./Haugen, R. A./Senbet, L. W. (1985): Agency Problems and Financial Contracting, Englewood Cliffs 1985.

Beatty, R./Ritter, J. (1986): Investment Banking, Reputation and the Underpricing of Initial Public Offerings, in: Journal of Financial Economics 15, S. 213 – 232.

Becker, F. G. (1994): Finanzmarketing von Unternehmungen, in: DBW 54 (1994), S. 295 – 313.

Benston, G. J. (1994): Universal Banking, in: Journal of Economic Perspectives 3 (1994), S. 121 – 143.

Bhattacharya, S./Thakor, A. V. (1993): Contemporary Banking Theory, in: Journal of Financial Intermediation 3 (1993), S. 2 – 50.

Bitz, M. (1989): Erscheinungsformen und Funktionen von Finanzintermediären, in: WiSt, Heft 10 (Oktober 1989), S. 430 – 436.

Bloch, E. (1989): Inside Investment Banking, 2. Auflage, Burr Ridge et al., 1989.

Booth, J./Smith, R. (1986): Capital Raising, Underwriting and the Certification Hypothesis, in: Journal of Financial Economics 15, S. 261 – 281.

Bowman, R. C. (1980): The Importance of a Market Value Measurement of Debt in Assessing Leverage, in: Journal of Accounting Research, Vol. 18, S. 242 – 254.

Brainard, W./Tobin, J. (1968): Pitfalls in Financial Model Building, in: American Economic Review, Vol. 58, S. 99 – 122.

Breuer, R.-E. (1994): Zweites Finanzmarktförderungsgesetz: Neues Leben für den Finanzplatz Deutschland, in: Die Bank, 8/94, S. 444 – 449.

Bühner, R. (1990): Das Management-Wert-Konzept, Stuttgart 1990.

Bühner, R. (1990): Reaktionen des Aktienmarktes auf Unternehmenszusammenschlüsse, in: ZfbF 42, S. 295 – 316.

Bühner, R. (1991): The success of mergers in Germany, in: International Journal of Industrial Organization 9 (1991), S. 513 – 532.

Büschgen, H. E. (1986): Finanzinnovationen: Neuerungen und Entwicklungen an nationalen und internationalen Finanzmärkten, in: ZfB. 56 (1986), S. 301 – 336.

Busse von Colbe, W. (1995): Finanzanalyse, in: Gehrke, W./Steiner, M. (Hrsg.): Handwörterbuch des Bank- und Finanzwesens, 2. Auflage, Stuttgart 1995, Sp. 587 – 599.

Campbell, T. S./Kracaw, W. A. (1980): Information Production, Market Signalling, and the Theory of Financial Intermediation, in: Journal of Finance 35 (1980), S. 863 – 882.

Carter, R./Manaster, S. (1990): Initial Public Offerings and Underwriter Reputation, in: Journal of Finance, 45 (1990), S. 1045 – 1067.

Chappell, H. W./Chang, D. C. (1984): Firms Acquisition Decisions and Tobins q Ratio, in: Journal of Economics and Business, Vol. 36, S. 29 – 42.

Coase, R. H. (1937): The Nature of the Firm, in: Econometrica 1937, S. 386 – 405.

Copeland, T./Koller, T./Murrin, J. (1990): Valuation, New York et al. 1990.

Coym, P. (1989): Die Bedeutung des deutschen Kapitalmarktes für amerikanische Investmentbanken, in: Bruns, G./Häuser, K. (Hrsg.): Strukturwandel am deutschen Kapitalmarkt, Frankfurt am Main 1989, S. 43 – 56.

Craven, J. A. (1995): Mergers & Acquisitions, in: Gerke, W./Steiner, M. (Hrsg.): Handwörterbuch des Bank- und Finanzwesens, 2. Auflage, Stuttgart 1995, Sp. 1443 – 1453.

Das, D. K. (1993): Contemporary Trend in the international Capital Markets, in: Das, D. K. (Hrsg.): International Finance: Contemporary Issues, New York (1993), S. 3 – 26.

Diamond, D. W. (1984): Financial Intermediation and Delegated Monitoring, in: Review of Economic Studies 51, S. 393 – 414.

Dombret, A. R. (1988): Die Verbriefung als innovative Finanzierungstechnik, 2. Auflage, Frankfurt am Main 1981.

Dufey, G. (1995): Finanzinnovationen, Innovationsprozeß, in: Gerke, W./Steiner, M. (Hrsg.): Handwörterbuch des Bank- und Finanzwesens, 2. Auflage, Stuttgart 1995, Sp. 701 – 711.

Dufey, G./Giddy I. H. (1994): The International Money Market, 2. Auflage, Englewood Cliffs 1994.

Dufey, G./Giddy, I. H. (1981): The Evolution of Instruments and Techniques in International Financial Markets, in: S.U.E.R.F., Tilburg 1981.

Elschen, R. (1991): Shareholder Value und Agency-Theorie-Anreiz – und Kontrollsysteme für Zielsetzungen der Anteilseigner, in: BFuP, 3/91, S. 209 – 220.

Everling, O. (1991): Credit Rating durch internationale Agenturen, Wiesbaden 1991.

Fabozzi, F. J. (1995): Bond Pricing and Return Measurement, in: Fabozzi, F. J./Fabozzi, T. D. (Hrsg.): The Handbook of Fixed Income Securities, 4. Auflage, Burr Ridge, New York 1995, S. 49 – 82.

Fabozzi, F. J./Modigliani, F. (1992): Capital Markets: Institutions and Instruments, Englewood Cliffs 1992.

Fama, E. F. (1970): Efficient Capital Markets, in: Journal of Finance 25 (Mai 1970), S. 383 – 417.

Fama, E. F. (1991): Efficient Capital Markets II, in: Journal of Finance 46, S. 1575 – 1617.

Funk, J. (1995): Aspekte der Unternehmensbewertung in der Praxis, in: ZfbF 47, 5/1995, S. 491 – 514.

Gehrke, N. (1994): Tobins q, Diss., Wiesbaden 1994.

Gerke, W./Garz, H./Oerke, M. (1995): Die Bewertung von Unternehmensübernahmen auf dem deutschen Aktienmarkt, in: ZfbF 47, 9/1995, S. 805 – 820.

Giddy, I. A. (1994): Global Financial Markets, Lexington 1994.

Glaum, M. (1991): Finanzinnovationen und ihre Anwendung in internationalen Unternehmungen, Gießen 1991.

Hamel, G./Prahalad, C. K. (1994): Competing for the Future, Boston 1994.

Hayes, S. L./Regan, A. D. (1993): Securities Underwriting and Investment Banking Competition, in: Hayes, S. L. (Hrsg.): Financial Services, Boston 1993, S. 145 – 180.

Hein, M. (1993): Einführung in die Bankbetriebslehre, 2. Auflage, München 1993.

Hoffmann, P. (1991): Bonitätsbeurteilung durch Credit Rating, Berlin 1991.

Holthausen, R. W./Leftwich, R. W. (1986): The Effect of Bond Rating Changes on Common Stock Prices, in: Journal of Financial Economics 17 (1986), S. 57 – 89.

Hunt, D. (1995): What Future for Europe's Investment Banks, in: Mc Kinsey Quarterly, 1995, No. 1, S. 104 – 117.

IDW (1992): Wirtschaftsprüfer-Handbuch, Band 2.

Jacob, A.-F. (1991): Finanzierungsregeln, Vertrauenskapital und Risikoaversion, in: Kistner, K.-P./Schmidt, R. (Hrsg.): Unternehmensdynamik, Horst Albach zum 60. Geburtstag, Wiesbaden 1991, S. 111 – 131.

Jacob, A.-F. (1993): Amerikanische und europäische Paradigmen: Konsequenzen für Finanzierungstheorie und Finanzierungspraxis, in: Steger, U. (Hrsg.): Der Niedergang des US-Management-Paradigma – Die europäische Antwort, Düsseldorf 1993, S. 99 – 115.

Jacob, A.-F. (1993): Amerikanische und europäische Paradigmen: Konsequenzen für Finanzierungstheorie und Finanzierungspraxis, in: Steger, U. (Hrsg.): Der Niedergang des US-Management Paradigmas – die europäische Antwort, Düsseldorf 1993, S. 99 – 115.

Jacob, A.-F. (1993): Corporate Banking und Kundenloyalität, in: bank und markt, 1/1993, S. 5 – 13.

Jacob, A.-F./Förster, G. M (1989): Die Wahl strategischer Standorte im internationalen Bankgeschäft, Wiesbaden 1989.

Jacob, A.-F./Klein, S./Nick, A. (1994): Basiswissen Investition und Finanzierung, Wiesbaden 1994.

James, C. (1987): Some Evidence of the Uniqueness of Bank Loans, in: Journal of Financial Economics, 19 (1987), S. 217 – 235.

Jensen, M. C. (1986): Agency Costs of free cash flow, corporate finance and take-overs, in: American Economic Review, 76, S. 323 – 329.

Jensen, M. C./Meckling, W. H. (1976): Theory of the Firm, Managerial Behavior, Agency Costs and Ownership Structure, in: Journal of Financial Economics 3, S. 305 – 360.

Jonas, M. (1995): Unternehmensbewertung: Zur Anwendung der Discounted-Cash-flow-Methode in Deutschland, in: BFuP, 1/95, S. 83 – 98.

Klein, S. (1993): Die Strategien der Großbanken in den neuen Bundesländern, Wiesbaden 1993.

Klein, S. (1996): Fremdkapitalmarketing als Teil des Finanzmarketing der Unternehmung, Wiesbaden 1996.

Klein, S./Schween, O. (1995): Haben die Discount Broker eine Zukunft?, in: Anlage Praxis, 5/95, S. 12 – 14.

Kollar, A. (1995): Emission von Wertpapieren, in: Gehrke, W./Steiner, M. (Hrsg.): Handwörterbuch des Bank- und Finanzwesens, 2. Auflage, Stuttgart 1995, Sp. 500 – 511.

Kuhn, R. (1990): Investment Banking and Risk Management – Volume I of the Library of Investment Banking, Homewood 1990.

Lang, L. H. P./Stulz, R. M./Walking, R. A. (1989): Magerial Performance, Tobins Q and the Gains from Successful Tender Offers, in: Journal of Financial Economics, Vol. 24, S. 137 – 154.

Levi, M. D. (1990): International Finance, 2. Auflage, New York et al. 1990.

Lingenfelder, M./Walz, H. (1988): Investor Relations als Element des Finanzmarketing, in: WiSt, Heft 9 (September 1988), S. 467 – 469.

Link, R. (1991): Aktienmarketing in deutschen Publikumsgesellschaften, Wiesbaden 1991.

Link, R. (1993): Investor Relations im Rahmen des Aktienmarketing von Publikumsgesellschaften, in: BFuP, 2/93, S. 105 – 132.

Lintner, J. (1965): The Valuation of Risk Assets and the Selection of Risky Investments in Stock Portfolios and Capital Budgets, in: Review of Economics and Statistics 47 (1965), S. 13 – 37.

Lummer, S. L./McConnell, J. J. (1989): Further Evidence of the Bank Lending Process and the Capital-Market Response to Bank Loan Announcements, in: Journal of Financial Economics 25 (1989), S. 99 – 122.

Massin, J. (1966): Equilibrium in a Capital Asset Market, in: Econometrica 34 (1966), S. 768 – 783.

Millon, M. H./Thakor, A. V. (1985): Moral Hazard and Information Sharing: A Model of Financial Information Gathering Agencies, in: Journal of Finance, 40 (1985), S. 1403 – 1422.

Modigliani, F./Miller, M. (1958): The Cost of Capital, Corporation Finance and the Theory of Investment, in: American Economic Review 48, S. 261 – 297.

Möller, H. P. (1985): Die Informationseffizienz des deutschen Aktienmarktes – Eine Zusammenfassung und Analyse empirischer Untersuchungen, in: ZfbF 1995, S. 500 – 518.

Neuberger, D. (1994): Kreditvergabe durch Banken, Tübingen 1994.

Neuss, W. (1993): Emissionskredit und Reputationseffekte, in: ZfB 63 (1993), S. 897 – 915.

Nick, A. (1994): Börseneinführung von Tochtergesellschaften, Wiesbaden 1994.

Paul, W. (1993): Umfang und Bedeutung der Investor Relations, in: BFuP, 2/1993, S. 133 – 162.

Peemöller, V. H./Bömelburg, P./Denkmann, A. (1994): Unternehmensbewertung in Deutschland – Eine empirische Erhebung –, in: Die Wirtschaftsprüfung, 22/1994, S. 741 – 749.

Picot, A. (1993): Transaktionskostenansatz, in: Wittmann et al. (Hrsg.): HWB 1993, Sp. 4194 – 4204.

Pöhler, A. (1988): Das internationale Konsortialgeschäft der Banken, Frankfurt am Main 1988.

Prahalad, C. K./Hamel, G. (1990): The Core Competence of the Corporation, in: Harvard Business Review 68, Nr. 3 (1990), S. 79 – 91.

Preece, D. C./Mullineaux, D. J. (1994): Monitoring by Financial Intermediaries: Banks vs. Nonbanks, in: Journal of Financial Services Research, 8 (1994), S. 193 – 202.

Prietze, O./Walker, A. (1995): Der Kapitalisierungszinsfuß im Rahmen der Unternehmensbewertung, in: DBW 55 (1995) 2, S. 199 – 211.

Rappaport, A. (1986): Creating Shareholder Value, New York/London 1986.

Rehm, H. (1994): Neue Wege zur Finanzierung öffentlicher Investitionen, Baden-Baden 1994.

Reicheneder, T. (1992): Investment Banking, Wiesbaden 1992.

Reimnitz, J. (1989): Das Primärgeschäft im Emissionsbereich, in: Büschgen, H. E./Richolt, K. (Hrsg.): Handbuch des internationalen Bankgeschäfts, Wiesbaden 1989, S. 242 – 266.

Rock, K. (1986): Why New Issues are Underpriced, in: Journal of Financial Economics 15, S. 187 – 212.

Rudolph, B. (1979): Zur Theorie des Kapitalmarktes: Grundlagen, Erweiterungen und Anwendungsbereiche des CAPM, in: ZfB 49, S. 1043 – 1067.

Rudolph, B. (1981): Funktionen und Konditionen der Kreditinstitute im Emissionsgeschäft, in: WiSt, Heft 2 (Februar 1981), S. 60 – 64.

Schipper, K./Smith, A. (1986): A Comparison of Equity Carve-Outs and Seasoned Equity Offerings, in: Journal of Financial Economics 15, S. 153 – 186.

Schmidt, J. G. (1995): Die Discounted Cash-flow-Methode – nur eine kleine Abwandlung der Ertragswertmethode?, in: ZfbF 47, S. 1088 – 1117.

Schmidt, R. H. (1981): Ein neo-institutionalistischer Ansatz der Finanzierungstheorie, in: Rühli, E./Thommen, J.-P. (Hrsg.): Unternehmensführung aus finanz- und bankwirtschaftlicher Sicht, Stuttgart 1981, S. 136 – 154.

Schmidt, R. H. (1986): Grundzüge der Investitions- und Finanzierungstheorie, Wiesbaden 1986.

Schmidt, R. H. (1988): Underpricing bei deutschen Erstemissionen 1984/1985, in: ZfB 58, S. 1193 – 1203.

Schmidt-Chiari, G. (1989): Die Entwicklung des internationalen Emissions- und Konsortial-Geschäftes, in: Bühler, W./Feuchtmüller, W./Vogel, M. (Hrsg.): Investment Banking, Wien 1989, S. 135 – 148.

Schmitz, R. H. (1995): Emissionsgeschäft der Kreditinstitute, in: Gehrke, W./Steiner, M. (Hrsg.): Handwörterbuch des Bank- und Finanzwesens, 2. Auflage, Stuttgart 1995, Sp. 511 – 521.

Schuster, L. (1994): Investment Banking, in: Schierenbeck, H. (Hrsg.): Bank- und Versicherungslexikon, 2. Auflage, München 1994, S. 355 – 360.

Schuster, L. (1995): Trends im deutschen Bankwesen, in: ZfgK, 18 (1995), S. 918 – 923.

Sharpe, W. F. (1964): Capital Asset Prices: A Theory of Market Equilibrium, in Journal of Finance 19, S. 425 – 442.

Sharpe, W. F./Alexander G. J. (1990): Investments, 4. Auflage, Englewood Cliffs, 1990.

Sieben, G. (1963): Der Substanzwert der Unternehmung, Wiesbaden 1963.

Sieben, G. (1993): Unternehmensbewertung, in: Wittmann, W. (Hrsg.): Handwörterbuch der Betriebswirtschaft, 5. Auflage, Stuttgart 1993, Sp. 4315 – 4331.

Siegert, T. (1995): Shareholder-Value als Lenkungsinstrument, in: ZfbF, 47 (6/1995), S. 580 – 607.

Simon, H. (1985): Goodwill und Marketingsstrategie, Wiesbaden 1985.

Simon, H./Kucher, E. (1988): Die Bestimmung empirischer Preisabsatzfunktionen, in: ZfB 58, S. 171 – 183.

Slovin, M. B./Johnson, S. A./Glascock, J. L. (1992): Firm Size and the Information Content of Bank Loan Announcements, in: Journal of Banking and Finance 16 (1992), S. 1057 – 1071.

Slovin, M. B./Young, J. E. (1990): Bank Lending and Initial Public Offerings, in: Jounal of Banking and Finance 14 (1990), S. 729 – 740.

Smith, C. W. (1988): Capital Raising: Theory and Evidence, in: Williamson, J. P. (Hrsg.): The Investment Banking Handbook, New York et al. 1988, S. 71 – 93.

Specht, G. (1988): Distributionsmanagement, Stuttgart et al. 1988.

Spremann, K. (1988): Reputation, Garantie, Information, in: ZfB 58 (1988), S. 613 – 629.

Steiner, M. (1992): Rating, in: WiSt, Heft 10 (Oktober 1992), S. 509 – 515.

Steiner, M./Wittrock, C. (1995): Performance-Messung von Wertpapierportfolios, in: Gehrke, W./Steiner, M. (Hrsg.): Handwörterbuch des Bank- und Finanzwesens, 2. Auflage, Stuttgart 1995, Sp. 1514 – 1526.

Süchting, J. (1986): Finanzmarketing auf den Aktienmärkten, in: ZfgK, 14 (1986), S. 654 – 659.

Süchting, J. (1995): Finanzmanagement, 6. Auflage, Wiesbaden 1995.

Swoboda, P. (1991): Betriebliche Finanzierung, 2. Auflage, Heidelberg 1991.

Swoboda, P./Hartlieb, J. (1989): Finanzierungsplanung, in: Szyperski, N. (Hrsg.): Handwörterbuch der Planung, Stuttgart 1989, Sp. 497 – 506.

Teece, D. J. (1980): Economies of scope and the scope of the enterprise, in: Journal of Economic Behavior and Organization 1, S. 223 – 247.

Titman, S./Trueman, B. (1986): Information Quality and the Valuation of New Issues, in: Journal of Accounting and Economics, Vol. 8 (1986), S. 159 – 172.

Tobin, J. (1969): A General Equilibrium Approach to Monetary Theory, in: Journal of Money, Credit and Banking, Vol. 1, S. 15 – 29.

Uhlir, H. (1989): Der Gang an die Börse und das Underpricing-Phänomen, in: ZBB, S. 2 – 16.

Uhlir, H./Steiner, P. (1994): Wertpapieranalyse, 3. Auflage, Heidelberg 1994.

Voigt, H.-W. (1995): Bookbuilding – der andere Weg zum Emissionskurs, in: Die Bank, 6/1995, S. 339 – 343.

Walther, A. (1993): Die Internationalisierung des Investment Banking in Deutschland, in: Gebauer, W./Rudolph, B. (Hrsg.): Marketing für Finanzprodukte und Finanzmärkte, Frankfurt am Main, S. 137 – 157.

Weinstein, M. I. (1977): The Effect of a Rating Change Announcement on Bond Price, in: Journal of Financial Economics 5, S. 329 – 350.

Wertschulte, J. F. (1995): Investment Banking, in: Gerke, W./Steiner, M. (Hrsg.): Handwörterbuch des Bank- und Finanzwesens, Stuttgart 1995, Sp. 1022 – 1031.

Williamson, O. E. (1985): The Economic Institutions of Capitalis, New York 1985.

Williamson, O. E. (1988): Corporate Finance and Corporate Governance, in: Journal of Finance 43 (1988), S. 567 – 591.

Zaß, M. (1989): Sekundärmärkte in Aktien und Anleihen, in: Büschgen, H. E./Richolt, K. (Hrsg.): Handbuch des internationalen Bankgeschäfts, Wiesbaden 1989, S. 268 – 293.

Weitere Neuerscheinungen aus dem GABLER Bankbuch-Programm

Karsten Füser
Neuronale Netze in der Finanzwirtschaft
Innovative Konzepte und Einsatzmöglichkeiten
1995, 451 Seiten,
Broschur, DM 89,–
ISBN 3-409-14098-0

Wolfgang Hossenfelder / Frank Schreyer
DV-Controlling bei Finanzdienstleistern
Planung, Kontrolle und Steuerung
1996, 314 Seiten,
gebunden, DM 89,–
ISBN 3-409-14077-8

Adolf-Friedrich Jacob / Sebastian Klein / Andreas Nick
Basiswissen Investition und Finanzierung
Finanzmanagement in Theorie und Praxis
1994, 230 Seiten,
Broschur, DM 64,–
ISBN 3-409-14066-2

Henning Klöppelt
Euro-Bankmarketing
Strategien im Privatkundengeschäft
1994, 377 Seiten,
gebunden, DM 98,–
ISBN 3-409-13682-7

Hermann Schulte-Mattler / Uwe Traber
Marktrisiko und Eigenkapital
Bankaufsichtliche Normen für Kredit- und Marktrisiken
1995, 211 Seiten,
gebunden, DM 89,–
ISBN 3-409-14065-4

Ronald F. Stubbings
Informationstechnologie im Bankhandel
Information oder Technologie?
1995, 219 Seiten,
gebunden, DM 79,–
ISBN 3-409-14182-0

Zu beziehen über den Buchhandel oder den Verlag.

Stand: 1.6.1996
Änderungen vorbehalten.

GABLER
BETRIEBSWIRTSCHAFTLICHER VERLAG DR. TH. GABLER, POSTFACH 58 29, 65048 WIESBADEN

If you have any concerns about our products,
you can contact us on
ProductSafety@springernature.com

In case Publisher is established outside the EU,
the EU authorized representative is:
**Springer Nature Customer Service Center GmbH
Europaplatz 3, 69115 Heidelberg, Germany**

Printed by Libri Plureos GmbH
in Hamburg, Germany